宗教学关键词

（第一辑）

金　泽　主　编

袁朝晖　卓玲明　副主编

中华祭祀礼仪

古屿鑫　著

国家社会科学基金重大项目“宗教学理论的基本范畴研究”（22&ZD254）系列成果

宗教学关键词
总　序

宗教学研究在人文社科领域中属于跨学科的一个领域。来自不同学科的诸多学者在这一领域辛勤耕耘多年：宗教史领域的各个宗教史、教派史、地域宗教史、各国宗教史、通史、断代史、专题史的研究成果累累；宗教学理论则在其发展进程中形成了宗教社会学、宗教人类学、宗教心理学、宗教生态学、宗教与哲学、宗教与政治、宗教与艺术、宗教与科学等诸多分支学科，无论是国际还是国内的研究成果，都不断地推陈出新。相对于宗教史方面的研究成果和已经具有相当规模的现状调研和政策分析，对宗教学基本理论的建构性研究，无论是成果总量还是从业的专家学者数量都明显偏少。为此，在国家社科基金重大项目“宗教学理论建设的基本范畴研究”框架下，我们推出“宗教学关键词”研究系列，意在为进一步推动宗教学理论的发展提供平台，使中国的马克思主义宗教学理论研究形成具有中国特色的理论体系，同时吸引更多的学者（特别是中青年学者）关注和投身宗教学基本理论研究。

目前，国内外关于宗教的各类词典已有不少，或是全域性的或专门针对某个宗教，体量不等，大多词条少约百字多则千字计。如，1985 年伊利亚德主编了英文版《宗教大百科全书》，涵盖面很广，多数词条字数较少，虽有少数词条字数较多，但多是某一宗教或宗派的介绍。“宗教学关键词”研究系列并非一般的词典或百科全书式编纂，而是系统性的专题研究，无论是从体量上还是从性质上来说都属于学术研究与探讨。探讨的每个关键词都是宗教学理论的一个基本范畴。这种探讨的基础是相关学术史的发展历程和积累，同时也具有面向当代的问题意识。是对传统的“继往”，更是为学科的“开来”。

“宗教学关键词”研究系列体现三个特征：一是继承性、民族性；二是原创性、时代性；三是系统性、专业性。宗教学理论产生于西方，而我们的目标是形成以马克思主义宗教观为指导、立足于中国社会、体现中国各宗教历史发展和互动特色、系统化的宗教学理论，因此这个研究系列“既要立足本国实际，又要开门搞研究”：它的立场和方法是马克思主义的，它的情怀是中国的，它的眼界是世界的。

首先，马克思主义、马克思主义宗教观、马克思主义宗教学理论，三者虽有侧重点与关注面的不同，在人类认识自然与社会的整个知识体系中的位置和功能也不相同，却具有内在的贯通性。这种贯通性主要体现在马克思主义宗教学理论是以马克思主义作为它最根本的立场、观点和方法。无论面对大千世界的何种宗教现象，无论面对古往今来的何种关于宗教的理论学说，马克思主义宗教学理论都运用马克思主义的基本立场、观点和方法加以分析、定位和扬弃。而马克思主义的基本立场、观点和方法，最主要的就是历史唯物主义和辩证唯物主义。马克思主义宗教观主要是马克思、恩格斯、列宁等人在运用历史唯物主义和辩证唯物主义分析、阐释宗教现象、宗教形态、宗教学说和宗教运动的过程中，提出的一些基本论断和观点。今天，当我们面对千姿百态、复杂纷纭的宗教现象与学说时，特别是遇到与马克思、恩格斯、列宁他们得出那些具体论断所依据的生活时空不同的时空场景时，我们要像马克思他们那样，运用历史唯物主义和辩证唯物主义对当下的宗教问题做出与时俱进的分析和判断。

其次，作为生活在中国这块土地上的21世纪的中国人来构建马克思主义宗教学理论，我们与马克思、恩格斯、列宁他们生活的时代不同、国度不同，面对的问题也有差异，我们有中国的文化传统和背景，我们经历了与西欧和俄国不一样的现代化进程，我们国家处理国内国际问题的历史经历和经验也与当代的其他国家有所不同，所以我们是带着中国情怀建构中国马克思主义宗教学理论体系的。所谓中国情怀，我理解至少有三重含义。第一，中国情怀基于我们有着悠久的人文主义传统。这个人文主义传统内容非常丰富，在中国复杂的宗教信仰丛林中，有一条主线贯穿其中，这就是和宗法制度紧密结合的“祖先崇拜”“天命崇拜”和“圣贤崇拜”，这条主线影响了世世代代中国人生活的方方面面，更使中国人的宗教意识独具一格。第二，中国情怀在于中国有着特殊的有关宗教的历史经验。在中国历史上，尽管各种宗教层出不穷，儒家学说宗教化倾向日趋明显，有的地区也确实出现过程度不同、时间长短不一的政教合一政权，但从全国政权的性质观察，始终是世俗的王权居统治地位。宗教不仅根本就没有实现过大一统，而且大多数处于“助王政之禁律，益仁智之善性”的辅佐地位。中国宗教的演进，绝大多数是以和平方式进行的，未经突变的革命，更没有对旧宗教的彻底荡涤；各宗教互相渗透，在分化中有融合，在演进中有积淀。第三，中国情怀还源于近现代中国社会的巨变，中国人争取民族独立和社会民主的奋斗历程，世界战争、政治、经济、宗教的格局演变及其对中国诸宗教的影响，特别是中国共产党建党百年来处理宗教问题的实践经验，使近现代中国人不仅有历史传统的影响积淀，而且在大起大落的风云变幻中对宗教的社会历史作用有了切身的体验和感受。

最后，人类对自然和社会的认知是个不断探索、大浪淘沙的过程，而认知的获得一是来自人类追求真理过程中的实践和实验，二是来自与前人和同时代人认知成果的对话。它们包括马克思主义基本原理、马克思主义中国化的成果及其文化形态、中华优秀传统文化，以及世界上所有国家哲学社会科学研究取得的积极成果。正如毛泽东所说，“我们的态度是批判地接受我们自己的历史遗产和外国的思想。我们既反对盲目接受任何思想也反对盲目抵制任何思想。我们中国人必须用我们自己的头脑进行思考，并决定什么东西能在我们自己的土壤里生长起来”。与各种实践实验成果和认知成果的互动，既是吸纳，也是扬弃，既有批判，也有创新。只有在此基础上，才能实现在建构中国马克思主义宗教学理论体系中树立学术的主体性的目标。

中国马克思主义宗教学理论体系的建设任重道远，只要我们秉持的立场方法是马克思主义的，情怀是中国的，眼界是世界的，就能行稳致远。

“宗教学关键词”研究系列意在突出以下特点：一是在充分吸收、体现和反思国际宗教学界的相关研究成果的基础上，做出对各个范畴的系统性梳理与研究，同时也体现出国内学界对这些范畴的研究状况等。二是凸显问题意识，对已有的相关成果，不论是中国的还是外国的，都要带有批判的眼光，在发现问题、提出问题和解决问题的过程中推进理论的发展或提升。三是注意吸收中国经验，将中国历史文献与当前田野调研中的宗教现象、现状同现有的宗教学理论相对照，探寻新的理论生长点。四是引介一些范畴的新研究成果，虽然它们可能会略显不成熟或令人一时不好接受，但为我们提供了可以借鉴和带来启发的认识工具和分析工具。

为此，每个范畴的成果体量平均为七万字，包含的内容主要有：（1）这个范畴的起源、发展的学术历程；（2）这个范畴的基本内容；（3）与这个范畴相关的代表人物、学派及其主要观点；（4）这个范畴与相关学科或分支的基本关系和作用等；（5）这个范畴在中国的研究脉络；（6）这个范畴的进一步开拓点；（7）与此范畴相关的重要的中外参考文献。

“宗教学关键词”研究系列的出版，要感谢商务印书馆的大力支持。研究系列计划以“辑”为出版单位，每辑涵盖七个基本范畴，成熟一辑出版一辑。这一系列研究将出自众学者之手，既是大家对这一研究发展方向的认可，也是每位参与人为宗教学研究添砖加瓦的成果。若真能达到预想的学术建设和积累目标，不仅中国宗教学理论将自身具有一个更加坚实的理论基础和平台，而且对于培养学术新兵，对于在社会上普及宗教学常识，对于宗教学理论创新，也都会大有助益。

目　录

引　言

中华祭祀礼仪源于上古时期的原始宗教祭祀，发轫于西周时期的周公制礼作乐，定型于西汉时期系统化的国家祭祀制度，其崇奉的神祇类型包含超越性的天地等自然神。具有人间性的祖先神，以及具有人文性的圣贤神明，以上祭祀传统绵延数千年，属于礼学研究中的吉礼研究范畴，是中国本土信仰中具有本源性、基础性的部分，国内外学者均对此展开研究，并取得了较为丰硕的成果。

“吉礼”作为“五礼”之首①，《周礼》对其功用作如下阐释，“以吉礼事邦国之鬼神示”②，主要祭祀类

① “五礼”是古代礼仪的总称，包括吉礼、嘉礼、宾礼、军礼、凶礼，最早出现在《舜典》，“修五礼，五玉，修吉凶宾军嘉之礼”（阮元校刻：《十三经注疏》二《尚书正义·卷第三·舜典》，中华书局2009年版，第268页）。此外，王肃的《丧服要记序》载：“古之制礼，其品有五：吉礼，祭礼是也；凶礼，丧礼是也；宾礼，朝享是也；军礼，师旅是也；嘉礼，冠婚是也。”可见，祭祀之礼，即“五礼”之“吉礼”。

② 孙诒让撰，王文锦、陈玉霞点校：《周礼正义》卷三四，中华书局1987年版，第1359页。

别包括天神之礼、地祇之礼、宗庙之礼。南朝时，出现了第一部以“五礼”为纲的礼典，“因集前代，撰治五礼，吉、凶、宾、军、嘉也”。[①]唐朝太宗主政时，悉兴文教，召集中书令房玄龄、秘书监魏征等礼官学士修改旧礼，《旧唐书·礼仪志》载：“神尧受禅，未遑制作，郊庙宴享，悉用隋代旧仪。……乃诏定著《吉礼》六十一篇，《宾礼》四篇，《军礼》二十篇，《嘉礼》四十二篇，《凶礼》六篇，《国恤》五篇，总一百三十八篇，分为一百卷。”[②]至唐玄宗时，官修的唐六典明列国家祀典有四种：祀天神、祭地祇、享人鬼、释奠于先圣先师，并且根据尊崇等级划分出相应的礼仪程式及用乐规制，可分为大祀、中祀、小祀等不同规格。[③]宋代，五礼仍以吉礼为尊，祭祀礼仪分为大祀、中祀和小祀。《宋史》载：“五礼之序，以吉礼为首……岁之大祀三十……中祀九……小祀九。”[④]明代承袭了唐宋礼制，《明史》曰：“五礼，一曰吉礼。凡

---

① 萧子显撰：《南齐书》卷九，中华书局2019年版，第128页。

② 刘昫等撰：《旧唐书》卷二十一，中华书局1975年版，第816—817页。

③ 参阅黄进兴：《优入圣域：权力、信仰与正当性》，陕西师范大学出版社1998年版。

④ 脱脱等撰：《宋史》卷九十八《志第五十一·礼一》，中华书局1985年版，第2425页。

祀事皆领于太常寺而属于礼部。明初以圜丘、方泽、宗庙、社稷、朝日、夕月、先农为大祀，太岁、星辰、风云雷雨、岳镇、海渎、山川、历代帝王、先师、旗纛、司中、司命、司民、司禄、寿星为中祀，诸神为小祀。”①

清代的《五礼通考》可谓集大成，书中“吉礼”占据了“五礼”很大的篇幅，几乎占据了书的一半，包含了127卷的内容。②具体而言，“吉礼”涉及的范围非常广泛，如圜丘祀天、方丘祭地、日月星辰、五帝明堂、社稷城隍、四望山川、宗庙制度等，还包括了先代帝王、先圣先师与功臣贤臣的配享，涵盖了古代中国社会中最重要的祭祀礼仪活动。这些反映出中国古代社会对神灵、祖先、圣贤的崇敬和敬仰，也体现了中华祭祀礼仪在古代中国文化中的重要历史地位。

数千年来，这套代表中华文明精神标识的国家政治文化认同模式通过中华传统宗教传承，至今依然在朝鲜、韩国、日本、越南等东亚东南亚国家以及琉球、中国台湾等地区发挥着深远而持久的文化传播与宗教影响。中华祭祀礼仪作为礼仪文明的重要组成部分，

---

① 张廷玉等撰:《明史》卷四十七《志第二十三·礼一》，中华书局1974年版，第1225页。

② 秦蕙田撰，方向东、王锷点校:《五礼通考》，中华书局2020年版。

与其相关的话语概念至今沿用。

本书以中华祭祀礼仪为研究对象，力图梳理其产生、发展的学术历程，分析探究其所包含的信仰类型与精神主旨，旨在凝练代表中华文化精神的本土宗教研究范式，以期阐释和总结出具有民族性、原创性、系统性的宗教学理论关键词。本书运用历史文献与田野调查相结合的方法，重点梳理中华祭祀礼仪的发展历程及传播影响，挖掘祭祀礼仪传承的历史脉络，印证三代以来祭祀礼仪是中华民族建构信仰共同体的最早尝试，也是中国区别于世界其他国家的文化主体性所在。

本书的撰写重点关注与中国特色学术体系、学科体系和话语体系建设的联系，以创造性转化和创新性发展的视角将其融入新时代中国宗教学的研究中，以期为宗教学理论的现代构建提供可资借鉴的历史经验和理论根据。

第一章
中华祭祀礼仪起源和发展的历程

第一节　中华祭祀礼仪的历史起源及基本类型

一、历史起源

祭祀，源于古人对天地自然的敬畏和对先祖的追思，“是人们心意和思念之情的积累，是人们忠信敬爱的极点，是礼节仪式的最高表现”。[①]祭祀活动贯穿于五千年中华文明史，先秦典籍《国语》载述黄帝以来历代祭祀，围绕敬天法祖的文明精神，不但形成祭祀的礼仪传统，而且铸就中华民族的信仰共同体、社会共同体，在传统社会中发挥着极为重要的凝聚作用。追溯“祭”的本义，是人们用物质性的供品，如食物、酒等，来向神灵献祭，以求得神灵的帮助、保

① “祭者，志意思慕之情也，忠信爱敬之至矣，礼节文貌之盛矣。”方勇、李波译注：《荀子・礼论》，中华书局2015年版，第322页。

佑和恩赐。在汉字“祭”的字形结构中，包含了“月”（同“肉”）、“又”（同“手”）和“示”（意为祀神）这三个部分，寓意着用手拿着肉或其他祭品献给神享用。这也反映了古代人们通过献祭物品来与神灵进行沟通的观念。同时，《孝经·士章疏》中的解释“祭者际也，人神相接，故曰际也”[①]，进一步强调了祭祀活动中人与神之间的连接和沟通。此处，“际”可以理解为连接、交接的意思，表示在祭祀过程中，人与神之间的距离被拉近，两者相接，形成了一种神秘而神圣的关系。《说文解字》中关于“祀”的解释为：“祭无已也。从示巳声。禩，祀或从异。”[②]字形采用“示”作偏旁，“巳”作声旁，意为祭祀是不停的、连续的。“祀，国之大事也”[③]，殷商时期，祭祀作为国家用于对内凝聚民心的重要仪式，与军事国防处于同等重要的地位。关于商代神祇的分类，陈梦家比对《周礼·大宗伯》后分为三类：天神、地示和人鬼。这种分类体现了人们对宇宙和生命的哲学理解，同时反映出宗教崇

① 阮元校刻：《十三经注疏》十一《孝经注疏·卷第二·士章第五》，见前引，第5539页。

② 许慎撰，陶生魁点校：《说文解字·弟一上》，中华书局2020年版，第3页。

③ 郭丹等译注：《左传·文公·二年》，中华书局2018年版，第587页。

拜的对象。《礼记·祭统》说："崇事宗庙社稷，则子孙顺孝。"[①]宗教祭祀是作为教育的基本手段来实施的。通过尊崇和祭祀宗庙社稷，可以培养子孙的孝顺和敬爱之心。这种孝敬的情感不仅是对神灵的尊敬，更是延伸到日常生活中的一种行为规范和价值观念。因此，宗教祭祀被看作是一种有效的教育手段，能够塑造人们良好的品德和行为习惯。"祭者，教之本也"[②]，这句话直接指出了祭祀作为教育的基本手段。祭祀不仅是一种对神灵的敬仰和献礼，更是一种社会教育的方式，能够将社会的价值观、行为规范等深深地烙印在人们的心中。可以说，宗教祭祀在古代中国教育中扮演了重要的角色。它不仅是宗教信仰的体现，更是塑造人们道德品质和传承文化的重要手段。西方语境下，祭祀（sacrifice）这个术语，来自拉丁语*sacrificium*（sacer，"神圣的"；facere，"进行"），具有在最高的或全部的意义上采取宗教行为的内涵；它也可以理解为使一物体神圣化或供神享用。通常offering作为其同义词，或作为一个包含祭祀在内的范围较大的关键词，

---

① 郑玄注，王锷点校：《礼记注》卷第十四《祭统第二十五》，见前引，第625页。

② 郑玄注，王锷点校：《礼记注》卷第十四《祭统第二十五》，见前引，第626页。

或意味着赠送一个礼物。offering这个词来自拉丁语*offerre*，意为“提供”或“提出”，并由动词产生了名词*oblatio*。罗曼语系诸语支的相关词都是从这两个拉丁词衍生出来的。一般认为，德语opfer来源于*offerre*，但是某些人认为它来自拉丁语*operari*（“执行”或“完成”），因此是再次唤起神圣行动的观念。贝蒂指出，祭祀最初是作为一种宗教仪式出现的，是人们为了取悦神灵或寻求神灵的庇护而进行的献祭行为。随着社会的发展，祭祀逐渐演变成了一种社会行为和道德规范，成为人们表达敬意、感激和歉意的方式。祭祀在不同的文化和宗教传统中有不同的表现形式，但都承载着相似的社会意义和价值观念。例如，在基督教中，祭祀被视为一种对罪恶的救赎方式；在印度教中，祭祀被视为一种对神灵的献祭行为；在佛教中，祭祀被视为一种对众生的慈悲行为。祭祀在社会中扮演着重要的角色，可以促进社会团结、强化社会规范和价值观、增强社会凝聚力和稳定性。同时，祭祀还可以作为一种心理调节机制，帮助人们缓解内心的矛盾和焦虑。尽管现代社会逐渐摆脱了宗教束缚和社会等级观念的影响，但祭祀作为一种人类普遍的情感表达方式和社会行为仍然具有重要意义。通过理解和尊重世界各地祭祀的价值，可以更好地理解人类社会的多样性和复杂性，促进社会的和谐与发展。[①]

礼仪，最初起源于部落和氏族的群体性祭祀仪式。夏商周时期，先贤通过制礼作乐，维护人伦和谐。在仪式中，献祭、颂神、祈福等各项流程都按照一定的范式进行。关于“礼”的来源和意义，孔颖达在《礼记正义》开篇追溯了礼仪的由来及类型，认为从黄帝以来，五礼就成型了。“礼”包含“吉、凶、宾、军、嘉”，其疏云：“若然，自伏羲以后至黄帝，吉、凶、宾、军、嘉始具。”[②]孔子曰：“夫礼，先王以承天之道，以治人之情，故失之者死，得之者生。……是故，夫礼必本于天，殽于地，列于鬼神。”[③]“是故夫礼必本于太一，分而为天地，转而为阴阳，变而为四时，列而为鬼神。”[④]《礼记·礼运篇》中的论述表明，“礼”的起源具有神圣性和超越性，它与天道、自然秩序和神秘力量紧密相连。“礼”不仅是世俗间的礼仪规范，更是

---

① Beattie, J. H. M., “On Understanding Sacrifice”, in M. F. C. Bourdillon, and M. Fortes (eds.), *Sacrifice*, New York: Academic Press for the Royal Anthropological Institute of Great Britain and Ireland, 1980.

② 郑玄注，孔颖达疏，吕友仁整理：《礼记正义》，上海古籍出版社2008年版，第2页。

③ 郑玄注，王锷点校：《礼记注》卷第七《礼运第九》，见前引，第291页。

④ 郑玄注，王锷点校：《礼记注》卷第七《礼运第九》，见前引，第306页。

从世俗礼仪中推演出来的具有宗教性的礼仪。许慎的《说文解字》解释道："礼，履也，所以事神致福也。从示从豊。……豊，行礼之器也。"[①]据《说文解字》所述，"礼"字的含义与"履"字相通，意味着它是一种行为、一种实践，这种行为与"事神致福"的宗教祭祀行为密切相关。同时，繁体的"禮"字由"示"和"豊"两部分组成。古代人们在行礼时，以献玉为最尊贵的方式。"豊"即是用来盛放玉石、奉献给神灵的行礼之器。王国维基于此进行考证，并得出结论："推之而奉神人之酒醴亦谓之醴，又推之而奉神人之事谓之礼。"奉献给神人的酒叫作"醴"，奉献给神人的事物被称为"礼"。可见，宗教礼仪在形式上是世俗礼仪之象征性的表现。《曲礼》是中国古代重要的礼仪著作，规定了不同社会阶层在祭祀天地、山川、五祀等仪式中的职责和规范。[②]其中关于祭祀等级的规定，表明了当时宗教祭祀制度中严格的等级界限。天子和诸侯的祭祀范围包括天地、四方和山川等，而大夫和士则只能祭祖和五祀。这种祭祀等级的划分体现了当时

① 王平、李建廷编著：《〈说文解字〉标点整理本：附分类检索》，上海书店出版社2016年版，第2页。

② 《曲礼》规定："天子祭天地，祭四方，祭山川，祭五祀，岁遍。诸侯方祀，祭山川，祭五祀，岁遍。大夫祭五祀，岁遍。士祭其先。"

的政治和社会地位差异，也反映了人们对神灵和祖先的尊敬和崇拜。此外，“礼”还是理论和实践的有机结合体。《通典》言明：“礼也者，体也，履也。统之于心曰体，践而行之曰履”，“《周礼》为体，《仪礼》为履”。[①]可见，礼包含了精神层面的礼仪思想和实践活动中的礼仪行为。礼，在英文中被译作ritual, rites, customs, etiquette, propriety, morals, rules of proper behavior, worship。在汉语里，这个字所表达的意义就是将牺牲放在神坛上祭祀神灵。《说文解字》以同韵部的“履”字训之，意为“开拓道路；实行，做”，即“如何殷荐神灵以求多福”。[②]此外，“礼”又被赋予了种种有关社会角色、关系和制度的隐喻，所有这些都增进了社会成员之间的沟通交流，并且培养了一种集体感。“礼”的范围相当广泛，包括宴饮酬唱、问候、告别、加冠、婚丧嫁娶、祖先祭祀等方面的行为规范，所有这些以及其他相关内容均是“礼”。“礼”是在家庭、团体和政治结构中划定每个成员位置的人文建构，是代代相传的生活方式，更是意义的源泉，可以帮助

---

① 杜佑撰，王文锦等点校：《通典》卷第四十一《礼一・沿革一・礼序》，中华书局1988年版，第1120页。

② 温海明、路则权主编：《安乐哲比较儒学哲学关键词》，华夏出版社2021年版，第120页。

人们理解古代文化的永恒价值。

中华祭祀礼仪参照西方宗教学研究的理论范式，可以对比研究的内容包括宗教信仰、宗教仪式等。法国宗教社会学家涂尔干（Durkheim）通过对宗教生活的基本形式进行深入研究，分析了各种宗教信仰和仪式的共同特点，并探索了它们在社会结构中的功能。他认为宗教信仰是一种社会现象，反映了人们对于超自然力量的信仰和对于神秘事物的探索。宗教信仰和仪式在维系社会团结、保持道德规范，以及促进个体与集体之间的和谐方面起着关键作用。[①]史密斯（Smith）区分了宗教仪式和宗教礼仪。宗教礼仪是一种具有象征意义和情感共鸣的行为，它能够表达信仰、传递文化价值、加强社会联系和促进个人精神的成长。宗教仪式是一种具有固定程序和规定的活动，通常是在特定的时间和地点进行，如礼拜仪式、弥撒等。相较而言，宗教礼仪的概念更为宽泛，包括了一系列的行为、活动和思想。通过宗教礼仪，信徒们可以与神建立一种亲密的关系，并在日常生活中实践信仰和道德准则。[②]

---

① Durkheim, E., *The Elementary Forms of the Religious Life*, New York: The Free Press, 1995.

② Smith, J. Z., "The Bare Facts of Ritual", *History of Religions*, 1980, Vol.20.

二、基本类型

“五帝之时，斯为治本。类帝禋宗，吉礼也。”[①]中华祭祀礼仪是古代国家治理的根本，五帝的时代开始，祭祀上帝和祖先的仪式就已属于吉礼的范畴。“修五礼五玉，尧、舜之事也。时代犹淳，节文尚简。及周公相成王，制五礼六乐，各有典司，其仪大备。”[②]尧、舜时代开始修订五礼五玉，那时世风还很淳朴，祭祀礼仪制度也相对简单。到了周公辅佐成王的时候，制定了五礼六乐，各有专门的官员负责，礼仪制度大为完善。

“礼有五经，莫重于祭”[③]，祭祀礼仪是中华传统礼仪类别中最重要的内容。《礼记》根据古人献祭的对象，把祭祀礼仪分为五种：天地、社稷、山川、五祀、祖先。历代的情况虽有变化，但大体相同。汉代，儒家学说成为封建社会正统思想，此后，历朝推崇祭祀礼仪成为“国之祀典”。国家祭祀礼仪成为统治者塑造社会秩序和巩固统治的一种重要途径，所谓大、中、小祀的划分，则充分体现出官方倡导的神灵秩序体系。

---

① 刘昫等撰：《旧唐书》卷二十一，见前引，第815页。

② 刘昫等撰：《旧唐书》卷二十一，见前引，第815页。

③ “礼有五经，谓吉礼、凶礼、宾礼、军礼、嘉礼也。莫重于祭，谓以吉礼为首也。大宗伯职曰：‘以吉礼事邦国之鬼神祇。’”郑玄注，王锷点校：《礼记注》卷第十四《祭统第二十五》，见前引，第619页。

唐代官方认定的祭祀礼仪类型可见于《大唐开元礼》，“昊天上帝、五方帝、皇地祇、神州及宗庙为大祀，社稷、日月星辰、先代帝王、岳镇海渎、帝社、先蚕、释奠为中祀，司中、司命、风伯、雨师、诸星、山林川泽之属为小祀”。[①]唐代对不同等级的祭祀对象有着明确的规定。

宋代，五礼之中以吉礼为首，所有的祭祀礼仪，包括大祀、中祀和小祀，都由太常来主持。《宋史》载：

> 五礼之序，以吉礼为首……凡祀典皆领于太常。岁之大祀三十：正月上辛祈谷，孟夏雩祀，季秋大享明堂，冬至圜丘祭昊天上帝，正月上辛又祀感生帝，四立及土王日祀五方帝，春分朝日，秋分夕月，东西太一，腊日大蜡祭百神，夏至祭皇地祇，孟冬祭神州地祇，四孟、季冬荐享太庙、后庙，春秋二仲及腊日祭太社、太稷，二仲九宫贵神。中祀九：仲春祭五龙，立春后丑日祀风师、亥日享先农，季春巳日享先蚕，立夏后申日祀雨师，春秋二仲上丁释奠文宣王、上戊释奠武成王。小祀九：仲春祀马祖，仲夏享先牧，仲秋祭马社，

① 刘昫等撰：《旧唐书》卷二十一，见前引，第819页。

> 仲冬祭马步，季夏土王日祀中霤，立秋后辰日祀灵星，秋分享寿星，立冬后亥日祠司中、司命、司人、司禄，孟冬祭司寒。[①]

大祀包括30种祭祀，如正月上辛祈谷、孟夏雩祀、季秋大享明堂等，主要祭祀对象有昊天上帝、感生帝、五方帝等，这些祭祀礼仪体现了百姓对天地神灵的崇敬和国家对农业丰收的期望。中祀有九种，包括仲春祭五龙、立春后丑日祀风师、亥日享先农等，主要祭祀的对象有风师、雨师、先农、先蚕等，这些祭祀礼仪反映了人们对自然力量的敬畏，同时也体现了对农业生产的重视和农业文化的特色。小祀也有九种，包括仲春祀马祖、仲夏享先牧、仲秋祭马社等，这些小祀的祭祀对象更与日常生活和农业生产相关，反映了民间信仰的多样性。

> 其诸州奉祀，则五郊迎气日祭岳、镇、海、渎，春秋二仲享先代帝王及周六庙，并如中祀。州县祭社稷，奠文宣王，祀风雨，并如小祀。凡

① 脱脱等撰：《宋史》卷九十八《志第五十一·礼一》，见前引，第2425页。

有大赦，则令诸州祭岳、渎、名山、大川在境内者，及历代帝王、忠臣、烈士载祀典者，仍禁近祠庙咸加祭。……凡坛壝、牲器、玉帛、馔具、斋戒之制，皆具通礼。后复有高禖、大小酺神之属，增大祀为四十二焉。[①]

各州及地方奉祀的时候，在五郊迎气日祭祀岳、镇、海、渎，春秋两季的第二个仲月享祭先代帝王以及周六庙，这些都按照中祀的规格来进行。州县祭祀社稷、奠祭文宣王、祭祀风雨，都按照小祀的规格来进行。当遇大赦之时，各州便祭祀境内的岳、渎、名山、大川，以及历代帝王、忠臣、烈士等载入祀典的人，还要禁止附近的祠庙进行祭祀。凡是坛壝、牲器、玉帛、馔具、斋戒的制度，都详细记录在通用的礼仪中。后来又增加了高禖、大小酺神等属神，将大祀的数量增加到42项。可见，宋代祭祀礼仪不仅有各种不同类型的祭祀，而且对于祭祀的时间和地点等内容也有明确的制度安排。

明代继承了宋元时期祭祀礼仪的文化传统，此时

① 脱脱等撰：《宋史》卷九十八《志第五十一・礼一》，见前引，第2425页。

期祭祀类型非常完备。

以圜丘、方泽、宗庙、社稷、朝日、夕月、先农为大祀，太岁、星辰、风云雷雨、岳镇、海渎、山川、历代帝王、先师、旗纛、司中、司命、司民、司禄、寿星为中祀，诸神为小祀。后改先农、朝日、夕月为中祀。凡天子所亲祀者，天地、宗庙、社稷、山川。若国有大事，则命官祭告。其中祀小祀，皆遣官致祭，而帝王陵庙及孔子庙，则传制特遣焉。[①]

并且，不同祭祀类型每个月对应固定的祭祀对象：

每岁所常行者，大祀十有三：正月上辛祈谷、孟夏大雩、季秋大享、冬至圜丘皆祭昊天上帝，夏至方丘祭皇地祇，春分朝日于东郊，秋分夕月于西郊，四孟季冬享太庙，仲春仲秋上戊祭太社太稷。中祀二十有五：仲春仲秋上戊之明日祭帝社帝稷，仲秋祭太岁、风云雷雨、四季月将及岳

① 张廷玉等撰:《明史》卷四十七《志第二十三·礼一》，见前引，第1225页。

镇、海渎、山川、城隍，霜降日祭旗纛于教场，仲秋祭城南旗纛庙，仲春祭先农，仲秋祭天神地祇于山川坛，仲春仲秋祭历代帝王庙，春秋仲月上丁祭先师孔子。小祀八：孟春祭司户，孟夏祭司灶，季夏祭中霤，孟秋祭司门，孟冬祭司井，仲春祭司马之神，清明、十月朔祭泰厉，又于每月朔望祭火雷之神。至京师十庙，南京十五庙，各以岁时遣官致祭。其非常祀而间行之者，若新天子耕耤而享先农，视学而行释奠之类。嘉靖时，皇后享先蚕，祀高禖，皆因时特举者也。[①]

不同的月份有不同的祭祀活动，每个祭祀活动都有其特定的目的和祭祀对象。例如，正月里，会在特定的日子祈求丰收（上辛祈谷）、祭拜太庙、祭司户等；二月里，会在惊蛰祭拜太岁、月将、风、云、雷、雨诸神，春分在东郊朝日，上戊日祭太社、太稷等。

其王国所祀，则太庙、社稷、风云雷雨、封内山川、城隍、旗纛、五祀、厉坛。府州县所祀，

① 张廷玉等撰：《明史》卷四十七《志第二十三·礼一》，见前引，第1226页。

则社稷、风云雷雨、山川、厉坛、先师庙及所在帝王陵庙。各卫亦祭先师。至于庶人，亦得祭里社、谷神及祖父母、父母并祀灶，载在祀典。[①]

祭祀礼仪的等级明确，一是国家祭祀礼仪，包括太庙、社稷、风云雷雨、封内的山川、城隍、旗纛、五祀、厉坛。二是府州县的祭祀礼仪，包括社稷、风云雷雨、山川、厉坛、先师庙及所在地的帝王陵庙，以及祭祀先师。至于普通百姓，可以祭祀里社、谷神、祖先、灶神，这些都记载在祀典文献中。

据《大清会典》记载：

凡天坛、地坛、祈谷坛、太庙、社稷坛为大祀，皇上亲祭，或遣官恭代，及太庙后殿，遣官致祭，从坛两庑，遣官分献，俱礼部先期题请。今由太常寺。凡朝日坛、夕月坛、历代帝王庙、文庙、先农坛为中祀，遇甲、丙、戊、庚、壬年，皇上亲祭朝日坛，遇丑、辰、未、戌年，皇上亲祭夕月坛，或遣官恭代。其余各年，遣官致祭。

① 张廷玉等撰:《明史》卷四十七《志第二十三·礼一》，见前引，第1226页。

皇上亲祭历代帝王庙、文庙、先农坛，系特行旷典。其每年遣官致祭，俱礼部先期题请。今由太常寺。凡太岁、神祇等坛，先医、东岳、城隍等庙为小祀，每年遣官致祭，俱礼部先期题请。①

清朝的祭祀礼仪分为大祀、中祀、小祀。其中，大祀包含天坛、地坛、祈谷坛、太庙、社稷坛等，这些祭祀活动皇上会亲自参加或是派遣官员代表皇帝进行祭祀活动。太庙后殿的祭祀礼仪，则由皇帝派遣官员进行。中祀包含朝日坛、夕月坛、历代帝王庙、文庙、先农坛等祭祀礼仪，在甲、丙、戊、庚、壬等年份，皇帝会亲自参加朝日坛的祭祀礼仪；在丑、辰、未、戌等年份，皇帝会亲自参加或者派遣官员代表皇帝进行祭祀礼仪。其余各年，都会派遣官员进行祭祀。皇帝亲自参加历代帝王庙、文庙、先农坛的祭祀，是特别的隆重典礼。至于太岁、神祇等坛，先医、东岳、城隍等庙的祭祀礼仪，被认为是小祀，每年都会派遣官员进行祭祀。清朝延续了明代关于祭祀礼仪的分类，以上内容不仅反映了清朝时期祭祀体系的层次性和多

---

① 伊桑阿等编著，杨一凡、宋北平主编，关志国、刘宸缨校点：《大清会典（康熙朝）》卷之五十五《礼部十六・祠祭清吏司・祭祀通例》，凤凰出版社2016年版，第621页。

样性，也揭示了祭祀礼仪在清朝社会政治生活中的重要地位。

梁启超曾阐释说，“诸礼之中，唯祭尤重。盖礼之所以能范围群伦，实植本于宗教思想，故祭礼又为诸礼总持焉”[①]。祭祀礼仪作为中国传统文化的核心组成部分，渗透到古代中国的典章制度、社会伦理和个体心性修养等诸层面。随着时代的变迁，其内容虽一直在传承与演变中，但中心意涵却始终保持稳定。中华祭祀礼仪的类型多样，历代根据祭祀礼仪意涵的类别可以分为祈福祭、弭灾祭、报谢祭；依据祭祀礼仪对象的不同分为祀天神、祭地祇、享人鬼；从祭祀礼仪规模的不同，可分为大祀、中祀、小祀；由祭祀空间的设置可以分为内祀、外祀等类型。

荀子关于“礼有三本”[②]的理论，对于当代深入探讨古代祭祀礼仪的起源、本质及类型都颇具启发意义。天地是生命的源泉，是人类存在的根本；祖先是民族的根源，是族群身份认同和文化传承的源头；而君主

---

① 梁启超：《梁启超全集》，北京出版社1999年版，第3598页。

② “礼有三本：天地者，生之本也；先祖者，类之本也；君、师者，治之本也。无天地，恶生？无祖先，恶出？无君、师，恶治？三者偏亡焉，无安人，故上事天，下事地，尊先祖而隆君、师，是礼之三本也。”方勇、李波译注：《荀子·礼论》，见前引，第303页。

则是社会秩序和治理的基石。这三者共同构成了礼的核心，缺失任何一项，都无法实现社会的和谐安定。

笔者基于对中华祭祀礼仪的精神信仰主旨的理解，将其归纳为以下三种类型：一是对天地自然、万物造化的感恩敬畏，如祀天祭地；二是对人祖鬼神的慎终追远，如配享宗祖；三是对中华文化的追根溯源，如释奠孔子等先圣先哲。以上祭祀礼仪类型可归结凝练为人类对自然生命、自我生命、文化信仰的美好祈愿与历史溯源。其中，祭天地神明属于宗教性祭祀，祭先圣先哲属于社会性纪念活动，祭祖宗则介于二者之间，属半宗教性、半纪念性活动。①它们承载着人类对和谐、秩序、传承的期许，也塑造了中华民族独特的精神世界和文化传统。

第二节　中华祭祀礼仪在当代社会的信仰实态

一、重建与复兴的历史脉络

当代学界对祭祀仪式研究的重视与区域性的地方民众信仰实践之历史进程密切相关，尤其聚焦在祭孔

---

① 吕大吉主编：《宗教学通论》，中国社会科学出版社1989年版，第294页。

礼仪的田野观察和文化分析。中国明清时期的国家祭祀仪式在台湾地区得到了很好的保存。1960年至1970年，相关研究成果包括《中国历代及东南亚各国祀孔仪礼考》[①]《祭孔礼乐之改进》[②]，后者详细记录了台湾地区各市县重建孔庙与推广祭祀礼仪的历史过程。中国传统祭祀礼仪在当代台湾地区的礼仪实践活动，主要分布在官方孔庙、学校教育机构与民间信仰宫庙这三个区块。20世纪60年代，台湾地区推行中华文化复兴运动，由官方主导的祭孔仪式从此开始在各市县孔庙得到推广与重建。20世纪70年代后期以后，原本由地方孔庙所推行的礼仪典制逐渐流转到民间信仰宫庙的祭祀礼俗中。继此以后，祭祀仪式的传承主体转移至民间社会。[③]20世纪80年代，台湾地区由于政治因素的影响，官方孔庙拨款减少，祭孔活动逐渐衰落，民间信仰宫庙祭祀活动逐渐兴盛。

大陆对祭孔仪式的研究以杨荫浏先生为代表，他最早在湖南进行了祭孔仪式音乐的调研。1978年以后，

---

① 黄文陶：《中国历代及东南亚各国祀孔仪礼考》，嘉义县文献委员会1965年版。

② 祭孔礼乐工作委员会：《祭孔礼乐之改进》，台北祭孔礼乐工作委员会1970年版。

③ 古屿鑫：《台湾地区祭礼雅乐的古今之变——站在宗教观察与文化史反思的交叉点上》，中国社会科学院博士后出站报告，2017年。

随着改革开放，以祭孔活动为代表的传统文化表演活动得以重建与复兴。20世纪90年代至今，随着社会经济的不断发展，人民的精神生活日益充实，祭祀黄帝、孔子、关公、妈祖等传统活动在大陆地区逐渐有序恢复和开展。伴随着全球化进程，传统国家祭典逐渐与非遗民俗活动结合，成为政府主导、社会参与的文化保护工程。近20年以来，以中华三大祭典（祭关公、祭妈祖、祭孔）为核心的祭祀仪式，逐渐以半官方、半民间的形式得以传承，并借由非物质文化遗产的形式得以复兴并逐渐走向世界。

当代中华祭祀礼仪的重建与复兴主要表现为以下三个方面。一是学术研究，当代学者彭林对古代祭祀礼仪进行了深入的研究和挖掘，他试图通过对《仪礼》的梳理、解读及复原，重建当代中国人的日常礼仪。[①] 常会营结合事务工作，撰写了关于中国历史上孔庙祭孔礼仪的学术研究著作。该书从汉唐曲阜孔庙祭孔释奠开始，一直到元明清北京孔庙祭孔祀典，详细描述了祭孔礼仪的历史演变和各个历史时期的特点。书中对祭孔礼仪的每一个环节，如迎神、初献、亚献、终

---

① 彭林：《〈仪礼〉“两次转型说”理念下的复原探索》，《孔子研究》2021年第6期。

献、彻馔、送神、望燎等，都进行了深入的描述和探讨。同时，该书还对祭孔礼仪中的乐舞、服饰、释奠规格等方面进行了详尽的研究，展示了中国古代祭孔礼仪的丰富内涵和独特魅力。[①]这些学术成果为当代祭祀礼仪的重建提供了理论支持和历史借鉴。二是实践探索，一些地方和民间组织尝试恢复和实践传统的祭祀礼仪，如在重要节日或纪念日举行祭祀仪式，向祖先或神灵表达敬意和感恩之情。这些实践探索不仅是对传统文化的传承，也是对当代社会精神文化需求的满足。三是文化活动，一些文化机构和社会团体积极举办各种与祭祀礼仪相关的民俗文化传承活动，如福建莆田的妈祖祭祀典礼等。这些活动不仅丰富了公众的文化生活，也提高了人们对传统文化的认同感和自豪感。

总之，中华祭祀礼仪在当代社会的重建与复兴是一个长期而艰巨的任务，需要政府、学术界、文化机构和社会各界的共同努力。通过深入挖掘传统祭祀礼仪的文化内涵和精神价值，结合现代社会的实际需求和发展趋势，逐步实现传统与现代的有机结合，为中华优秀传统文化的传承和弘扬贡献力量。在重建与复

① 常会营：《北京孔庙祭孔礼仪研究》，北京燕山出版社2019年版。

兴过程中，一方面，应尊重传统祭祀礼仪的历史文化内涵，避免过度商业化和娱乐化，保持其庄重、神圣的氛围。另一方面，应在保持传统核心精神的基础上，融入现代元素和时代精神，使其更加贴近现代人的生活和需求，并且尊重不同地域、民族和宗教的特色，促进多元文化的交流与融合，形成包容、多元的文化格局。

二、传承及传播的实存样态

伴随中华优秀传统文化的复兴，中国大陆地区祭祀礼仪活动的日益兴盛，如祭祀孔子、文昌、关公、妈祖、伏羲、黄帝等民俗祭典伴随节庆活动得以周期性开展。祭祀礼仪是中华传统文化的信仰表达方式，铸就了华夏民族的共同信仰，亦是维系古代国家的重大典章制度，在传统社会中发挥着极为重要的凝聚作用。《左传》有言，“国之大事，在祀与戎”[①]，祭祀凝聚内部认同，军事抵御外来侵扰，文武兼备，于内外之间共同维系着国家的稳定与繁荣。作为构筑华夏民族文化认同的祭祀礼仪，延续千年，已成为中华文化认同的重要标识。

① 郭丹等译注：《左传·成公·十三年》，见前引，第974页。

其一，伏羲祭祀仪式的现代形态。肖函文主要围绕天水伏羲祭祀大典，首先分析伏羲文化起源、分布与传播，然后系统梳理伏羲祭祀礼仪及程序，总结伏羲祭祀乐舞表现形式、文化内涵、社会价值与传承方式。天水市的伏羲祭祀仪式，以清末的礼俗为基础，祭典重建旨在重振文化，推动经济发展。伏羲的祭祀按照“九鼎八簋”“太牢”等上古时期的最高标准，以奏乐、击鼓、诵读祭文为主要内容。人们行礼、跳舞、献上花篮，在祭拜过程中，歌颂了伏羲的功德，歌颂了国家的繁荣，体现出儒家文化、道家文化、农业文化三大特色，具有很强的民俗性、艺术性和民族性。①

其二，黄帝祭典的现代形态。1996年，陕西省设立了专门负责全省清明公祭轩辕黄帝的工作委员会办公室。2004年，清明纪念日举行黄帝祭典，乐舞作为祭祀活动的重要组成部分，蕴藏着丰富的历史文化价值，延续至今，逐渐成为一种活态传承的文化范例。关于黄帝祭祀仪式的历史及意涵梳理不多，代表性的如王安稳、宁国良《黄帝祭祀的五个阶段和三大类型》，李桂民《论祭祀黄帝的传统和现代公祭黄帝的意

---

① 肖函文：《天水伏羲祭祀乐舞文化研究》，西北民族大学硕士学位论文，2020年。

义》，何炳武《先秦时期黄帝祭祀活动之微探》。[①]王晗借助田野考察法、文献分析法及个案分析，描述了黄帝陵祭祀乐舞的现代形态，阐释了乐舞告祭和编创祭典的理论价值与文化内涵。作者认为黄帝告祭乐舞文化的舞蹈特征有三个，一是舞境表现出程式性，二是舞象展现出宗教性，三是舞情表达的原始性。[②]何源基于默顿的功能主义理论探析黄帝祭祀仪式的本质功能及历史变迁。[③]

其三，祭孔仪式及乐舞的传承与传播。祭孔雅乐继承了上古时代原始乐舞的特色，是集合歌、舞、乐三位一体的综合艺术形式，当代祭孔乐舞是雅乐舞蹈的活态遗存，也是历经千年依然存在的古代雅乐。[④]祭孔乐舞是我国古代存留至今的雅乐舞之一。根据明清两代遗存舞谱编排的祭孔乐舞，至今仍以活态传承的形式存续在曲阜孔庙的周期性祭孔仪式中。地方性和地区性的现代祭孔礼仪以多种视角被观察和记录，如

---

① 何炳武主编：《黄帝祭祀研究》，陕西人民出版社2009年版。

② 王晗：《黄帝陵告祭乐舞研究》，陕西师范大学硕士学位论文，2021年。

③ 何源：《经验功能主义理论视角下的黄帝祭祀仪式研究》，西北大学硕士学位论文，2015年。

④ 尹君：《中国古代祭孔雅乐的发展概况及对近现代音乐的影响》，青岛大学硕士学位论文，2007年。

福建省福清市的祭孔乐舞的现代复原及展演[①]，以及祭孔乐舞在东亚传承的历史及现代变迁的研究。[②]

其四，妈祖祭典的现代演绎。20世纪90年代以后，福建省妈祖宫庙祭典逐步恢复，以莆田、泉州、汀州、福州马尾和连江较为典型。湄洲妈祖庙祭祀大典于清代编入国家祀典，与陕西黄帝陵祭典、山东曲阜孔庙祭典，并称为“中华三大祭典”，其自成一体，在海内外久负盛名。妈祖祭祀活动有着独特的方式与内容。但凡有奉祀妈祖的宫庙，其祭祀活动方式与内容也大致相同，其中以莆田湄洲妈祖庙最为典型。[③]

其五，关公祭典的传承研究。学界主要从宗教艺术学的角度研究闽南关帝祭典的传承与创新。关帝祭祀礼仪承载着弥足珍贵的闽南传统舞蹈和中国古代乐舞文化遗产，随着闽南移民播植台湾地区，以及明清

---

① 林智岚:《福清佾舞：还原大国之礼》,《海峡通讯》2021年第10期。

② 金庆仁:《从文庙佾舞看韩国祭礼舞蹈的传承体系及现代价值》,《北京舞蹈学院学报》2014年第2期；刘青弋:《以古为正 礼不相袭 乐不相沿——宋代大祀佾舞在中韩的传衍流变考》,《当代舞蹈艺术研究》2020年第2、3期合刊。

③ 相关研究如徐晓望:《论妈祖与中国海洋文化精神》,《福建学刊》1997年第6期；朱天顺:《有关妈祖信仰研究的几点思考》,《台湾研究集刊》1997年第3期；陈宠章、杨兆添:《试论妈祖信仰的宗教属性》,《社会科学战线》1990年第4期；郑丽航:《明代国家祭祀体系中的天妃考述》,《中国海洋大学学报（社会科学版）》2009年第4期；郭峰:《妈祖信仰及其祭典乐舞的文化初探》,《艺苑》2009年第2期。

以来400多年的因革损益，积淀转化为现代闽台地区民间交流存续的祭典礼仪，成为维系两岸民众文化认同的文化纽带。通过闽台地区关帝信俗事项中祭祀关公乐舞的发展脉络、特征意涵及其展演实践，可以窥见仪式传统与地方文化的建构过程，诠释关公祭祀礼仪所蕴含的儒家文化精神。[①]

其六，中华祭祀礼仪在东亚诸国得到了广泛的传播。例如，韩国现今所奉行的儒教式祭礼仪式有宗庙大祭、社稷大祭、释典、先农祭等。宗庙大祭所使用的宗庙祭礼仪，被指定为国家重要无形文化财产第一号，是联合国教科文组织（UNESCO）指定的世界无形遗产杰作之一。社稷大祭和释典及其先农祭中演奏祭礼雅乐，其中释典演奏的文庙祭礼仪作为典范传承至今。宗庙祭礼仪和文庙祭礼仪中都伴有佾舞，宗庙祭礼仪属于乡乐系列，文庙祭礼仪属于雅乐系列。祭祀礼仪所用雅乐从中国宋朝传入韩国是在12世纪高丽时代，输入的祭祀雅乐被选作宫廷的仪式乐，如圜丘、社稷、宗庙、先农、先蚕、文庙、山川祭等皆被用作为祭祀礼仪使用。[②]

---

① 郑玉玲：《闽台关帝信俗仪式乐舞的承继与创新》，《闽南师范大学学报（哲学社会科学版）》2021年第1期。

② 金英淑：《韩国佾舞艺术概观》，《中日韩传统雅乐舞国际学术研讨会论文集》（第1卷），上海音乐出版社2013年版，第86—87页。

古代天子主导郊社宗庙之祭，当代则有政府组织的国家公祭。由于时代及社会环境的巨大变迁，古代国家祭祀与当代国家公祭在内涵和形式上皆有很大的不同，尤其当代的祭祀早已摒弃了古代的封建迷信意味。中华文明源远流长、一脉相承，二者之间自有内在相通处。在当代中华祭祀礼仪的传承及传播的历史进程中，我们要树立文化自信，除了发掘敬天法祖、慎终追远、天人合一等人文价值之外，同时还必须有相应的文化形式、符号与之相匹配，才能使这些精神深入人民的内心，进而落实到具体的实践之中。如何让礼仪祭典的参与者在祭祀仪式及相关活动中获得感恩天地化育万物、追思炎黄祖先，维护民族团结、祭奠至圣先师，传承师道文脉、缅怀革命先烈等内在体验和认知，是当代文化建设的重要课题之一。

第二章
中华祭祀礼仪的基本内容

吕大吉先生在《宗教学通论》中提出“宗教构成的基本要素”，主要包括宗教观念、宗教感情、宗教行为、宗教组织。[①]基于以上理论，笔者将中华祭祀礼仪所涵盖的基本内容围绕以下四个部分来梳理学界对其的研究：一是从宗教信仰出发，研究祭祀礼仪所覆盖的崇奉类型；二是从宗教仪式出发，凝练其固有的礼仪及用乐程式；三是从宗教与文化的关系出发，阐释其所蕴含的人文理性精神；四是从宗教体制出发，探究其所依托的宗教组织或文化载体。

第一节　复合的宗教祭祀形态

一、崇奉类型

古代中国人对神明类型的分类，源于对超越性

① 吕大吉主编:《宗教学通论》，中国社会科学出版社1989年版，第18页。

的“天地”（后世衍生为“乾坤”“阴阳”“理气”等）观念，加上人间性的“魂魄”（表现为“神明”“鬼神”“精灵”等）形式，从而构成中国人信仰的基本意识。[①]可以说，中国人对天地等自然神的信仰，加上以祖先、圣贤崇拜等为核心的祭祀制度，辅之以“诚”“敬”“孝”等人文观念，构成了中国宗教的基本内容。中国历代祭祀中最重要的是祭祖、社祭和祭天。[②]中华祭祀礼仪主要包含祭天之礼、祭地之礼、祭祖之礼、黄帝祭礼、孔子祭礼、古代其他祭礼、宗教祭祀、民间杂祀等。[③]学界对不同类型祭祀的考察不少，以下分述之。

祖先神信仰。从夏商周三代开始，祭祀祖先即已形成较为完备的礼节和制度。祖，原义指祖庙。《周礼·考工记·匠人》有“左祖右社”[④]的传统，“祖”即为宗庙，引申指祖父或祖先。《礼记·祭法》唐孔颖达疏：“祖，始也，言为道德之初始，故云祖也；宗，尊

---

① 李天纲：《金泽：江南民间祭祀探源》，生活·读书·新知三联书店2017年版，第274页。

② 刘岱总主编：《敬天与亲人》，生活·读书·新知三联书店1992年版，第366页。

③ 方光华：《俎豆馨香——中国祭祀礼俗探索》，陕西人民教育出版社2000年版。

④ 阮元校刻：《十三经注疏》四《周礼注疏·卷第三十九·冬官考工记第六》，见前引，第1956页。

也，以有德可尊，故云宗。”[①]《诗经·大雅·生民》孔颖达疏谓：“祖之定名，父之父耳。但祖者，始也，己所从始也。自父之父以上皆得称焉。”[②]古代亲属称谓中对行辈的区分在三代以上便不追究，故祖父以上直接祖先皆可称祖。祭祖起源于父系氏族时期，殷周时期就制定了等级森严的祭祖规则。《礼记·祭法》载：“有虞氏禘黄帝而郊喾，祖颛顼而宗尧；夏后氏亦禘黄帝而郊鲧，祖颛顼而宗禹；殷人禘喾而郊冥，祖契而宗汤；周人禘喾而郊稷，祖文王而宗武王。”[③]商人把鬼神分为天神、地祇、人鬼三类，且以人鬼及祖先为祭拜的主要对象，认为祖先的灵魂不因其死亡而消失，仍会对后代子孙产生影响，因此，以祭祀的方式来表达对祖先的敬畏和感恩之意。《礼记·祭统》强调祭祀的教育作用不能从外部硬性加在人们身上，而要启发内心的真实感情，“诚信之谓尽，尽之谓敬，敬尽然后可以事神明，此祭之道也”[④]，祭祖时要在心中重现祖先

① 阮元校刻：《十三经注疏》六《礼记正义·卷第四十六·祭法第二十三》，见前引，第3444页。

② 阮元校刻：《十三经注疏》三《毛诗正义·卷第十七·生民之什》，第1137页。

③ 阮元校刻：《十三经注疏》六《礼记正义·卷第四十六·祭法第二十三》，见前引，第3444页。

④ 刘沅著，谭继和、祁和晖笺解：《十三经恒解（笺解本）》，巴蜀书社2016年版，第364页。

的音容笑貌，才能尽祭祀之真义。

黄帝信仰，最初是为了表达人们对黄帝功德的纪念和感戴。“有虞氏禘黄帝而祖颛顼，郊尧而宗舜；夏后氏禘黄帝而祖颛顼，郊鲧而宗禹；殷人禘喾而祖契，郊冥而宗汤。”[①]古代文献表明，黄帝崇拜肇始于先民对远祖的崇拜与信仰，而“这种文化现象的形成与上古时期黄帝的强大及后裔的大多建国有关。随着战国时期民族融合的加剧，产生了更广泛意义上的民族认同，体现在以黄帝为始祖的一元谱系的出现。而且由于《史记》的正史地位，黄帝的至尊地位最终得以确立”。[②]学界对黄帝祭祀的研究议题主要集中在以下几个方面，一是探讨黄帝祭祀的历史源流与现代价值，二是黄帝祭祀是否具有宗教性的问题，三是现代黄帝祭典的内在人文价值挖掘。韩星在《黄帝祭祀与中华人文精神》中对以上问题分别做出了回应，具有很高的参阅价值。[③]

圣贤信仰，最具典型意义的是代表师道文缘的孔

---

① 魏源撰，魏源全集编辑委员会编校：《诗古微》，岳麓书社2004年版，第612页。

② 李桂民：《略论黄帝崇拜原因的形成》，《聊城师范学院学报》2001年第4期。

③ 黄帝陵基金会编：《黄帝祭祀与中华传统文化学术研讨会论文集》，陕西人民出版社2007年版。

子信仰。“20世纪的中国思想史研究中，孔子的信仰问题在很大程度上被悬置了起来，这在一定程度上是将儒学哲学化的必然结果。在20世纪中国的大部分时间里，宗教信仰成了愚昧与落后的代名词，受此影响，激进主义的革命思想家们将孔子看作是一个力图将历史车轮拉回到奴隶制时代的可怜虫，对于他的信仰问题不屑一顾；保守主义学者则怀着一颗爱护孔子的拳拳苦心，极力淡化信仰在孔子思想体系中的地位以突出其思想中的人文主义内涵，以证明孔子思想的进步性。然而，随着‘文革’结束以后民族理性的逐步恢复，人们对于儒学的认识逐步趋于客观，孔子思想中的宗教性面向也随之显露了出来。宗教性面向在孔子学说中居于重要地位，舍弃了这一面向，我们便无法理解孔学的真精神，也无法厘清孔子人文主义思想的来源与特征。”①宗教性面向在孔子学说中具有重要地位，它是理解孔子人文主义思想来源与特征的关键。孔子一以贯之之道，是他一生所坚持的核心思想和信仰。在孔子看来，古代的文明史是人类社会发展的重要阶段，这些历史文明中所包含的道德伦理、政治哲学、文化传统等都是人类文明的瑰宝。而孔子在深入

---

① 赵法生：《论孔子的信仰》，《世界宗教研究》2010年第4期。

研究和总结这些古代文明的基础上，提炼出来的一种普遍的、永恒的价值和信仰，强调人类文明的连续性和传承性。“孔子的一以贯之之道，既是对唐虞夏商周文明史的概括，也是建立在这个文明史意识基础上的信仰，是天命的精神内核。”[①]以上说明，脱离宗教性来谈圣贤信仰，无法清楚理解和阐释中华文化的深厚底蕴和基本特质。

地方民间信仰的神明。[②]金泽指出，“民间信仰的信仰对象主要是神灵与圣贤，它是原生性的和不断演变的，是历史悠久且当下活跃的一种宗教文化形态”。[③]千秋祭典、巡境、建醮等群体性祭祀活动象征着庙宇核心区及其祭祀圈的内部运作。高丽珍《台湾民俗宗教之空间活动——以玄天上帝祭祀活动为例》探讨台湾地区民俗宗教的空间交互作用历程，首先借由文献史料的归纳，呈现台湾地区玄天上帝信仰的扩展历程，其次从群体性的祭祀活动中观察民俗宗教的空间组织，并且阐释民俗宗教祭祀活动的时空意义，最后对信徒

---

① 卢国龙：《重返孔子的信仰世界》，《儒教研究》，社会科学文献出版社2009年版。

② 曹建墩：《中国的祭礼》，南京大学出版社2014年版，第118—128页。

③ 金泽：《当代中国民间信仰的形态建构》，《民俗研究》2018年第4期。

的信仰认知与环境意识作概略性的探讨。[①]美国斯坦福大学人类学系、荷兰内梅亨大学教授武雅士认为中国宗教反映的是其信徒的社会概貌。他在《神、鬼和祖先》一文中，详细调查了台湾地区清水祖师公庙境域中的乡民，以乡民的眼光切入中国社会的超自然界。通过研究认为，在中国人眼中，最极端的差异就是神与祖先是一类，而鬼是另一类。神具有威力且代表道德伦理，祖先主要福及子孙，二者因为社会优越地位原因赢得人们的尊重，是创造性社会关系的再现。相反，鬼是被鄙视的，是危险性和破坏性的社会势力的代表。民间信仰隐喻着现实社会的政治与文化。[②]

宗教祭祀礼仪蕴含着不同崇奉类型，通常指向特定的宗教信仰体系，并且表征着不同的象征符号和价值意蕴。例如，佛教中的烧香拜佛、诵经念咒等仪式，伊斯兰教中的礼拜、朝觐等仪式，基督教中的弥撒、洗礼等仪式，不同国家和民族的宗教信仰和文化传统有着多元的祭祀方式和礼仪规范。[③]中华祭祀礼仪是中

---

① 高丽珍：《台湾民俗宗教之空间活动——以玄天上帝祭祀活动为例》，台湾师范大学硕士学位论文，1988年。

② 〔美〕武雅士（Arthur P. Wolf）主编，彭泽安、邵铁峰译，郭潇威校：《中国社会中的宗教与仪式》，江苏人民出版社2014年版。

③ 这些祭祀方式不仅代表着人们对神灵的敬畏和祈求，也蕴含着丰富的文化内涵和历史积淀。

国古代礼文化传承的重要组成部分，在不同的历史背景下呈现出丰富多彩的形式和内涵，在宗教信仰和文化传承中发挥着重要的作用。

二、教义教派

国内学者对中华祭祀礼仪的实践传统进行了概括，多强调其从中国文明肇始期延续至今的本土传统。“学者的命名有国家宗教、宗法性宗教、原生宗教、民俗宗教、中华教、乡土宗教等，尽管所用名称不同，基本上都指向同一个‘以天神崇拜和祖先崇拜为核心，以社稷、日月、山川等自然崇拜为翼羽，以其他多种鬼神崇拜为补充的’较为稳定的祭祀制度与传统”[①]，以下笔者按照不同类别的教义教派分述之。

国家祭祀。国家祭祀反映了一个时代对于天、地、鬼神的观念，也反映了皇权在天、地、人中不同时期的不同定位，是各个时期信仰系统中重要的一环。雷闻在《郊庙之外：隋唐国家祭祀与宗教》一书中深入探讨了隋唐时期的国家祭祀。他明确指出，国家祭祀不同于皇帝个人的祭祀行为，其范畴远超儒家

① 彭牧：《拜：礼俗与中国民间信仰实践》，《民俗研究》2021年第5期。

理论的界定，且绝非与民众信仰脱节的官方仪式。作者通过深入剖析“隋唐国家祭祀的神祠色彩”“道教、佛教与隋唐国家祭祀”“祀典与淫祠之间”“从祈雨看隋唐的国家祭祀与社会”等实证案例，揭示了唐代如何通过不断调整和充实国家祭祀礼仪，广泛吸纳宗教与民间信仰及仪式，从而构建起以皇权为核心的国家祭祀体系，这一体系也成为以皇帝为中心的信仰系统的重要组成部分。雷闻所定义的“国家祭祀”，不仅涵盖皇帝在京城举行的国家级祭祀活动，还包括各级地方政府主持的各类祭祀。在民众眼中，地方政府即国家的代表，其主持的祭祀活动自然具有“公”的属性，旨在履行政府的社会职能，而非谋求个人的福祉。同时，尽管郊祀与宗庙祭祀在皇帝祭祀中占有核心地位，但地方政府的祭祀活动却从另一个角度反映了国家意识形态在基层社会的渗透程度。因此，作者不仅将地方政府祭祀纳入“国家祭祀”的研究范畴，还对其给予了特别的关注。

儒家祭祀，涵盖祭天、祭祖以及祭圣贤等多重层面，已然构成儒家文化不可剥离的一部分，蕴含着厚重的历史文化积淀与深邃的象征意蕴。在儒家思想体系中，天被赋予了至高无上的权威与力量，而祭天则是对此权威与力量的虔诚致敬与殷切祈愿。天坛，作为明清两朝皇帝举行祭天和祈谷大典的神圣场所，不仅是中国现存规模最大、保存最为完好的古代祭天建筑群，更是中华民族祭天文化的瑰宝。诚如陈烈在《中国祭天文化》一书中所言，天坛所祭祀的“皇天上帝”代表了以信仰天神为核心的祭天文化，在历史长河中演绎出多姿多彩、贯穿古今的东方哲学，架起了天地与人间的桥梁。[①]祭祖，则是对先祖的庄严祭祀，深刻体现了儒家孝道的精神内核。它不仅仅是对先祖的缅怀与尊崇，更是对家族传承与血脉绵延的认同与坚守。通过祭祖活动，人们得以强化家族凝聚力，传承并弘扬家族文化。祖先祭祀与宗庙制度之间的紧密关联，也引发了日本学术界的广泛关注与深入研究，诸如佐中壮、金子修一、远藤祐介与吾妻重二等学者，均在此领域取得了丰硕的研究成果。[②]此外，《王制》与《祭统》等古籍对宗庙祭祀的四时之制进

---

① 参见陈烈:《中国祭天文化》，宗教文化出版社2000年版，第2页。

② 佐中壯「『宗廟の祭祀思想』管見」、『歴史研究』第9号、1965年；金子修一「魏晋より隋唐に至る郊祀・宗廟の制度について」、『史学雑誌』第88編第10号、1979年；遠藤祐介「梁代における『神滅論』批判と宗廟祭祀改革」、『武蔵野大学仏教文化研究所紀要』第33号、2017年；遠藤祐介「梁代初期における梁武帝の仏教思想——宗廟祭祀改革の思想的背景」、『東アジア仏教研究』第17号、2019年；吾妻重二「宋代の家廟と祖先祭祀」、小南一郎編『中国の礼制と礼学』、朋友書店、2001年、505—575頁。

行了详细记载，春礿、夏禘、秋尝、冬烝，每个季节都有其特定的祭祀名称与仪式。栗原圭介在其研究中深入探讨了宗庙祭祀中的“祊”的神秘特性，以及古代中国宗庙祭祀礼仪背后的科学思想。[①]至于祭圣贤，则是对历史上杰出圣贤人物的祭祀活动，充分体现了儒家对智慧与道德的推崇。圣贤作为儒家文化中的楷模与典范，代表着人类智慧与道德的高峰。对他们的祭祀不仅是对其个人的敬仰与纪念，更是对儒家文化的传承与弘扬。通过这些祭祀活动，儒家文化得以薪火相传，社会道德得以不断提升与巩固。梅村尚树则从比较的视角出发，深入研究了先贤祭祀与祖先祭祀的异同及其在当时社会中的功能与意义，为我们提供了理解南宋后期社会与文化的新视角。[②]以上研究进一步丰富了学界对儒家祭祀和传统文化的认识。

道教斋醮科仪。斋醮是道教祭祀仪式的名称，道教斋醮在世界宗教祭祀中独树一帜。张泽洪通过对斋醮的历史考辨，认为“道教兴盛发展的唐宋元明时期，斋醮仪式成为国家祭祀大典，并成为民间传统祭祀文

---

① 栗原圭介「天子諸侯の宗廟祭祀と四時との概念」、『大東文化大學漢學會誌』第33号、1994年。

② 梅村尚樹「先賢祭祀と祖先祭祀——南宋後期における学校と先賢祠」、『歴史学研究』第948号、2016年。

化的主流。道教斋醮具有济度、祈禳的宗教功能，斋醮是道教思想的仪式化反映，它充分显示宗教仪式象征的特质和文化意义”。[①]卢国龙则进一步指出：“道教的斋醮，以流转于民间的巫俗文化为主体，同时对社会上层的礼仪文化也多所吸收，隋唐以降又参与朝廷的各种祭祀大典，所以从总体上判断道教斋醮的根源，可以说是传统文化中的祭祀礼仪与民间风俗习惯的结合。”[②]蒲亨强从音乐学的角度，基于原始史料的分析，剖析并确认明代御制斋醮音乐的面貌和性质，认为它是明代统治者制作的产物，其仪范部分是对传统道乐的极大简化，乐章则属雅乐体系，进一步阐明了道教斋醮科仪与皇家宫廷祭祀体系的关系。[③]古屿鑫以当代祭祀礼仪活态考察为个案，通过历史材料与现实经验的互相印证，指出“道教仪式是在继承中国传统祭祀礼仪基础上，顺应民间礼俗需求生成的中华礼仪文明形态之一。南宗道教仪式所呈现出的三献古礼、钟磬古乐、八佾乐舞、雅乐华章等展演活动，既是当代中国大陆濒临失传的祭礼雅乐的活态样本，同时也是当

---

① 张泽洪：《道教斋醮仪式的文化意义》，《中国文化研究》2002年第2期。

② 卢国龙：《道教哲学》，华夏出版社2007年版，第77页。

③ 蒲亨强：《明代御制斋醮音乐史料研究》，《中国音乐》2008年第2期。

代南宗道教仪式的新形态”。[①]

民间祭祀是一个深厚且复杂的文化现象，涉及人们的信仰、习俗、社会结构等多个方面。对于它的研究，多种学科都有所涉及，包括但不限于历史学、人类学、民俗学、宗教学等。《唐代祠祭论稿》深入研究唐代祠祭制度，特别是吉礼的部分。通过传统的制度沿革考证，作者详细分析了唐代宗庙的沿革、品官庙数、大臣家庙等案例，提供了大量关于唐代祠祭的宝贵资料。[②]《祭祀政策与民间信仰变迁：近世浙江民间信仰研究》以宋代浙江地区为例，通过多元化的资料来源，包括碑刻资料、地方志中的祠庙志、文集笔记以及民俗学的调查资料，分析了民间信仰如何适应王朝祭祀政策的策略及方式。[③]这种研究方式具有很强的地域性和实证性，能够更直观地展现出民间信仰的变迁过程。《神、鬼和祖先》从比较宗教学的角度，对民间信仰中的神祇进行了分类和解析。作者通过对“官”和“圣人”或“智者”这两类神祇的描述，揭示了民

---

① 古屿鑫：《南宗道教仪式的礼俗之变——以首届海峡两岸奉祭三清道祖大典为例》，《世界宗教文化》2017年第1期。

② 章群：《唐代祠祭论稿》，学海出版社1996年版。

③ 朱海滨：《祭祀政策与民间信仰变迁：近世浙江民间信仰研究》，复旦大学出版社2008年版。

间信仰的复杂性和多元性。[①]《金泽：江南民间祭祀探源》则运用了人类学的田野调查方法，对江南市镇社会的民间祠祀进行了深入的研究。作者通过对金泽镇的祠庙和祭祀生活的观察与分析，尝试深入到当地人的内在信仰过程与理解方式之中，真实呈现出这种广泛存在的民间祠祀的“地方性宗教知识”。[②]这些研究都展现了民间祭祀的丰富内涵和复杂面貌，同时也显示了各种研究方法和视角的重要性。无论是历史的制度分析，还是实证的田野调查，或是比较宗教学的神祇分类，都为我们理解和研究民间祭祀提供了宝贵的视角和工具。

第二节　固化的祭祀礼仪程式

一、祭祀仪程

祭祀礼仪为“天神地祇人鬼之礼”，涵盖天地、山川、四望、先妣、先考等诸多承祀对象，意味着永恒与往生，这是在特定场合、特定时间，为特定承祀对

---

① 〔美〕武雅士主编，彭泽安、邵铁峰译，郭潇威校：《中国社会中的宗教与仪式》，江苏人民出版社2014年版。

② 李天纲：《金泽：江南民间祭祀探源》，生活·读书·新知三联书店2017年版。

象所设定。[①]中国古代官方极为重视的郊社（祭天地）、时享（四时祭祖庙）等祭祀礼仪都由皇帝亲祀，“献礼”则普遍被用于祭祀仪程中。“三献礼”是中国古代传统国家祭祀礼制的核心流程，是由三位祭祀官分别承担三次进献告祭。第一位祭祀官进行的仪式称为初献礼，在初献礼进献中要由指定的祝官进行诵读祝文步骤；第二位祭祀官进行的仪式称为亚献礼；第三位祭祀官进行的仪式称为终献礼。古代各类国家祭祀礼仪活动均围绕以上这些核心流程展开。

追溯三献礼的起源，《仪礼·士虞礼》记载：“主人洗废爵，酌酒酳尸。……主妇洗足爵于房中，酌，亚献尸，如主人仪。……宾长洗繶爵，三献，燔从，如初仪。”[②]这是文献中记载关于“三献”祭祀的早期形态和礼仪模式。此处描述的“主人、主妇、宾长”的献尸仪式，分别对应了后世的“初献、亚献、三献”，为后世的三献礼的基本结构的确立奠定了基础。

自汉代以来，三献礼一直作为国家祭典的主要仪式，其核心仪程以初献、亚献、终献三次进献为主要

---

① 项阳：《礼仪·雅乐·鼓吹乐之辨析》，《中央音乐学院学报》2010年第1期。

② 阮元校刻：《十三经注疏》五《仪礼注疏·卷第四十二·士虞礼第十四》，见前引，第2534页。

结构。“三献礼”一词最早见于《隋书》：“陈氏亦因梁制，祈而澍则报以少牢。除武帝时，以德皇帝配，文帝时，以武帝配。废帝即位，以文帝配青帝。牲用黄牯牛，而以清酒四升洗其首。其坛壝配飨歌舞，皆如梁礼。天子不亲奉，则太宰、太常、光禄行三献礼。其法皆采齐建武二年事也。”[①]隋朝礼书中记载后齐时已有“三献礼”之名称。至明清，三献礼的使用除作为官方祭祀礼制外，更深入民间，成为敬天崇祖、祭祀鬼神的主要仪式。[②]

由于祭祀礼仪类型多样，根据崇奉对象的不同，可分为郊祀、宗庙祭礼、释奠礼等类型，历代传承均有所因革损益，但自汉代以来，其仪程以三献礼为核心。中华祭祀礼仪虽然种类繁多、形态各异，但以下几项在各种祭典中大致都有所表现：“1.献牺牲；2.迎神享祭礼；3.主祭上香；4.三献：初献（奠爵正中），正献（奠爵于左），终献（奠爵于右）；5.诵读祝祷文；6.赐福祚；7.送神。”[③]

---

① 魏征等撰：《隋书》卷七《志第二・礼仪二》，中华书局1973年版，第126页。

② 廖圣云：《台湾六堆客家地区三献礼仪式之研究》，屏东教育大学硕士学位论文，2009年。

③ 吕大吉主编：《宗教学通论》，见前引，第301页。

以中国古代祭天礼仪为例。祭天仪式在夏商二代已略见雏形，进入周代后因配合国家典章、等级制度的完备化，以周朝辅政者周公为代表及王室成员制定、整理、采用的礼乐规范、仪式及乐舞等，并用于大型祭祀。这些礼制规范后来用于周代以后祭天典礼的祭祀过程，并为华人儒家文化圈尊为典范，如迎神、行礼、进俎、初献、亚献、终献、望燎及送神等仪程。自汉以降，因儒家的政治哲学备受皇帝的礼遇及认可，加上儒家推崇周公制礼作乐之功及周初盛世之华美，历朝的祭天仪式皆依循周礼而定，后世在此基础上又因革损益，运用范围主要是在圜丘、大祀殿、天坛等祭祀空间。①

中华祭祀礼仪在当代传承情况比较复杂，不同地区、不同类型的仪程皆有所不同。以下是一般的仪程内容及相关意涵解释。一是祭前准备，在祭祀前，与祭人员需要提前进行一些准备工作，包括清理祭祀场地，准备祭祀用品，如酒、食物、香、蜡烛等，同时，还需要准备祭祀音乐或舞蹈等；二是迎神，在祭祀开始时，会先进行迎神仪式，迎接祭祀对象的到来；三

① 李瑞祥、古屿鑫:《明代圜丘祭礼雅乐考辨》,《世界宗教文化》2021年第5期。

是奠酒及献供，在迎神之后，向神灵献酒，表达敬意和感激之情，同时，还会献上其他供品，如食物、水果等，献礼次数通常是三次；四是宣读祭文，在祭祀过程中，会朗读祭文，表达对神灵的敬畏和感恩之情；五是舞乐展演，在祭祀过程中，通过舞乐表演表达对神灵的敬意和感激之情；六是献礼，在祭祀过程中，参与祭祀的人会向神灵行祭拜礼，表达对神灵的尊崇之情；七是撤馔、送神，在祭祀结束时，收拾祭祀用品，同时，还会进行送神仪式，恭送神灵离开。由于地区不同和文化背景有差异，在进行祭祀礼仪时，需要根据具体情况进行调整和安排。当代具有地方特色的三献礼传承的田野案例，如中国台湾地区南部客家族群中，普遍将三献礼用于生命礼俗、岁时祭仪与临时祭仪中。特别是台湾南部高雄境内美浓、旗山与六龟等地区之客家族群，以三献礼为主轴，使客家祭祀文化得以很好地保存与发展。[①]

总之，三献礼的起源可以追溯到《仪礼》中所载的“三献”，但当时这一仪式仅有礼仪事实而没有具体的礼仪名称。直到《隋书·礼仪一》中，才开始出现

---

① 柯佩怡：《台湾南部美浓地区客家三献礼之仪式与音乐》，台北艺术大学硕士学位论文，2002年。

“三献礼”的说法，这一仪式才正式获得了“礼”的名分。随后，在南宋时期，朱熹的《家礼》将三献礼推向了民间，使得这一礼仪不再局限于宫廷和贵族阶层，而是进入了寻常百姓家。明代时，更是将《家礼》中的诸多规定写入国家法典《明集礼》，进一步推动了三献礼在民间的普及和流行。这一过程不仅体现了三献礼在历史长河中的演变和发展，也揭示了其与社会、文化之间的紧密联系。三献礼在古代礼仪制度中占据了重要地位，不仅具有宗教祭祀的意义，还承担着社会整合、文化传承和道德教化的功能，从最初的宫廷礼仪，到后来的民间习俗，三献礼逐渐融入了人们的日常生活，成为中华文化的一部分。

二、用乐程式

自古以来，乐指涉诗、乐、舞等艺术内容，由于总是与礼相连，其重要性不容忽视。[①]“周官以六律、六吕、五声、八音、六舞、大合乐，以致神祇，以和邦国，以谐万人。”[②]周代的官员，通过六律、六吕、五

---

① 温海明、路则权主编：《安乐哲比较儒学哲学关键词》，见前引，第126页。

② 刘昫等撰：《旧唐书》卷二十一《志第一・礼仪一》，见前引，第832页。

声、八音、六舞、大合乐的手段，来达到致敬神灵、和谐邦国、调和万民的目的。此处描述了周代已开始通过各种音乐、舞蹈等形式来配合宗教祭祀仪式，与神祇沟通，达到治理国家、和谐社会的效果。中国古代的乐多表现为祭祀乐，以此表达宗教情绪。乐因其文化气氛和社会环境的需要，而更多地表现为“礼乐一体”的形式。为维持乐的独立地位，提高其价值，儒者以制礼作乐为前提，把祭祀乐改造成雅乐，使乐与社会伦理道德紧密结合，显示出儒家乐教中神性与理性兼具的特征。[①]

关于祭祀用乐，李泽厚认为祭祀乐在中国古代，特别是远古时期具有重要社会功能。首先，祭祀乐是巫术、宗教活动的主要内容，人们通过祭祀音乐与神灵沟通，祈求神灵的保佑和降福。其次，祭祀乐是当时社会文化活动的重要内容，人们通过祭祀中的音乐来表达情感和信仰。因此，祭祀乐在当时社会生活中具有重要地位，对后世影响深远。[②]杨美惠强调了仪式和音乐在儒家文化中的重要性。对于儒家而言，仪

---

① 刘书惠:《从祭祀乐到雅乐——先秦儒家乐教传统的文化意蕴》,《中南大学学报（社会科学版）》2011年第2期。

② 李泽厚:《华夏美学》，长江文艺出版社2019年版，第26页。

式不仅仅是一种外在的表现形式，更是一种内在修养的体现。通过仪式操演、音乐演奏、舞蹈表演等形式，与祭者能够进行自我修炼，提升自身的道德品质和文化素养。同时，杨美惠也指出了仪式和音乐在儒家文化中的社会功能。通过仪式的反复操演，儒家可以将各种社会规范和伦理道德观念灌输到人们的日常生活习惯中，从而维护社会秩序和稳定。例如，在祭祖仪式中，亲属们按照长幼、男女、远近的顺序排列，这不仅是一种社会秩序的象征，同时也通过仪式的形式来安排人们在社会中的角色和位置。此外，祭祀仪式的音乐也具有特殊的意义。音乐的庄严肃穆不仅可以在参与者心中铭刻下对死者的尊敬和哀悼，还可以通过音乐的表达方式，将这种情感传递给其他人，从而在所有亲属之间营造一种团结一致的氛围。因此，杨美惠的观点强调了仪式和音乐在儒家文化中的多重功能，包括提高个人修养、维护社会秩序、表达情感等，这些功能共同构成了儒家文化中仪式和音乐的重要地位。[①]

中国历代配合祭祀仪式的用乐极为隆重和严格。传统礼制规定，祭祀天神的祀典都由天子主祭；祭祀

---

① 参见金泽：《宗教人类学学说史纲要》，中国社会科学出版社2009年版，第366页。

地祇的社祀典礼由诸侯主祭，平民百姓不得参加国家祭礼。传统乐制对相应等级所用乐队编制、乐器种类与数量、演奏位次、乐队排列、舞蹈行列与乐工等都有明确的规定。天子在祀典礼仪中用“宫悬之乐”和“八佾之舞”，诸侯用“轩悬之乐”和“六佾之舞”，大夫用“判悬之乐”和“四佾之舞”，士用“特悬之乐”和“二佾之舞”，以上规制自周代以来代代相袭。所用雅乐乐器以八音中的“金石”为首，辅以“土革丝木匏竹”六类，其中包括镈钟、编钟、特磬、编磬、琴、瑟、笙、凤箫、笛、篪、篴、埙、敔、柷，以及楹鼓、搏拊、鼗鼓、鞞鼓等。乐队编制各个时期有所衍变，据《宋史》卷一二九记载，北宋政和年间，宫廷颁定的“宫悬之乐”中乐器超过300件，清代的中和韶乐则集合歌工、舞者、乐工等达200余人。①配合祭祀仪式的进程，祭祀乐从降神到仪式结束的送神，雅乐歌舞如影随形，以此表达人们对天地孕育生灵、哺乳滋润万物，以及人祖建功立业、繁衍后代的感恩之情。②

古代宗庙祭祀所用的乐章的意涵，旨在歌颂皇族

① 东方音乐学会编:《中国民族音乐大系（古代音乐卷）》，上海音乐出版社1989年版，第179页。

② 成军:《隋唐宫廷音乐表演研究》，南京艺术学院博士学位论文，2016年。

先辈的功德并渲染祭祀礼仪的庄重。《隋书》记载：

宗庙皇帝初献奏登歌，七曲，四言：功高礼洽，道尊乐备。三献具举，百司在位。诚敬罔愆，幽明同致。茫茫亿兆，无思不遂。盖之如天，容之如地。殷兆玉筐，周始邠王。于赫文祖，基我大梁。肇土七十，奄有四方。帝轩百祀，人思未忘。永言圣烈，祚我无疆。有夏多罪，殷人涂炭。四海倒悬，十室思乱。自天命我，歼凶殄难。既跃乃飞，言登天汉。爰飨爰祀，福禄攸赞。牺象既饰，罍俎斯具。我郁载馨，黄流乃注。峨峨卿士，骏奔是务。佩上鸣阶，缨还拂树。悠悠亿兆，天临日煦。猗与至德，光被黔首。铸熔苍昊，甄陶区有。肃恭三献，对扬万寿。比屋可封，含生无咎。匪徒七百，天长地久。有命自天，于皇后帝。悠悠四海，莫不来祭。繁祉具膺，八神耸卫。福至有兆，庆来无际。播此余休，于彼荒裔。祀典昭洁，我礼莫违。八簋充室，六龙解骈。神宫肃肃，灵寝微微。嘉荐既飨，景福攸归。至德光被，洪祚载辉。[①]

① 魏征等撰：《隋书》卷十三《志第八·音乐上》，见前引，第298页。

这首祭祀乐章描述了皇帝平定乱世、建立秩序的功绩，以及祭祀的庄重和皇帝对臣民的恩泽。通过祭祀歌词，可以看出古代皇帝在宗庙祭祀中的重要性，以及皇帝对国家和百姓的责任与期待。

古代祭祀雅乐按照一字一音的原则，配合祭祀礼仪有序地进行。明代洪武元年冬至日祭祀昊天上帝于圜丘，其祭祀雅乐以“和”命名，圜丘仪式流程中的迎神、奠玉帛、奉牲、初献、亚献、终献、彻豆、送神、望燎等程序都有雅乐乐章的配合，分别是“迎神，奏中和之曲。奠玉帛，奏肃和之曲。奉牲，奏凝和之曲。初献，奏寿和之曲，武功之舞。亚献，奏豫和之曲。终献，奏熙和之曲，俱文德之舞。彻豆，奏雍和之曲。送神，奏安和之曲。望燎，奏时和之曲”。[①]

以下是笔者以《洪武元年圜丘乐章》[②]为蓝本，将祭祀礼仪和祭祀用乐进行对照，说明祭祀用乐同样具有严格的仪程。

---

① 张廷玉等撰：《明史》卷六十一《志第三十七·乐一》，见前引，第1501页。

② 张廷玉等撰：《明史》卷六十二《志第三十八·乐二》，见前引，第1519—1520页。

表：明代洪武年祭天仪式及用乐乐章

祭祀仪程	祭祀乐曲	祭祀乐章
迎神	中和之曲	昊天苍兮穹窿，广覆焘兮庞洪。建圜丘兮国之阳，合众神兮来临之同。念蝼蚁兮微衷，莫自期兮感通。思神来兮金玉其容，驭龙鸾兮乘云驾风。顾南郊兮昭格，望至尊兮崇崇。
奠玉帛	肃和之曲	圣灵皇皇，敬瞻威光。玉帛以登，承筐是将。穆穆崇严，神妙难量。谨兹礼祭，功征是皇。
奉牲	凝和之曲	祀仪祗陈，物不予大。敢用纯犊，告于覆载。惟兹菲荐，恐未周完。神其容之，以享以观。
初献	寿和之曲	渺渺微躬，何敢请于九重，以烦帝聪。帝心矜怜，有感而通。既俯临于几筵，神缤纷而景从。臣虽愚蒙，鼓舞欢容，乃子孙之亲祖宗。酌清酒兮在钟，仰至德兮玄功。
亚献	豫和之曲	荷天之宠，眷驻紫坛。中情弥喜，臣庶均欢。趋跄奉承，我心则宽。再献御前，式燕且安。
终献	熙和之曲	小子于兹，惟父天之恩，惟恃天之慈，内外殷勤。何以将之？奠有芳齐，设有明粢。喜极而抃，奉神燕娭。礼虽止于三献，情悠长兮远而。
彻豆	雍和之曲	烹饪既陈，荐献斯就。神之在位，既歆既右。群臣骏奔，彻兹俎豆。物尚未充，尚幸神宥。
送神	安和之曲	神之去兮难延，想遐袂兮翩翩。万灵从兮后先，卫神驾兮回旋。稽首兮瞻天，云之衢兮眇然。
望燎	时和之曲	焚燎于坛，灿烂晶莹。币帛牲黍，冀彻帝京。奉神于阳，昭祀有成。肃然望之，玉宇光明。

无论朝代如何更迭，中华祭祀礼仪的内容与形式相应地呈现出“理一分殊”的文化特征。“理一”是指

历代祭祀礼仪都彰显出一以贯之的人文理性精神，而“分殊”则指不同历史时期中的祭祀礼仪、祭祀雅乐、祭祀乐章等文化元素都有不同程度的形态变迁。

第三节　蕴含的人文理性精神

礼是优化人类社群诸可能性，提升生活质量，且将日常生活模式转化为深远社会宗教实践的努力。正是在此意义上，礼常作为复合名词“礼仪”的缩写。确实，古代经典中礼与仪是不可分割的，其假定二者在强化社群关系上具有同等作用。[①]中华祭祀礼仪是中国传统文化的核心组成部分，渗透到古代中国的典章制度、社会伦理和个体心性修养等诸多层面。随着时代的变迁，其内容虽一直在传承与演变中，但中心意涵却始终保持稳定。通过研究并整合前辈学者的成果，张志刚把“中华文明的价值观概括为二十言：以人为本，和而不同，兼容并包，海纳百川，有容乃大”。[②]中华祭祀礼仪中蕴含的“敬天法祖”“尊师重道”“崇

① 温海明、路则权主编：《安乐哲比较儒学哲学关键词》，见前引，第126页。

② 张志刚：《“两个大局”视域下的“宗教中国化”研究》，《世界宗教研究》2022年第6期。

德报功”等人文思想是中华优秀传统文化的重要精神内核，以下主要从这三个维度来阐释其所蕴含的人文精神。

一、敬天法祖

“敬天法祖”是中国传统文化中的重要理念之一，它强调了尊重自然、缅怀祖先等文化内涵，对于现代社会的可持续发展和文化传承都具有重要的启示和借鉴意义。在中国传统文化的核心理念中，认为天地万物都有自己的生命规律，应该尊重自然、顺应自然，不要过分地干预和破坏。中国传统文化非常重视家族和家庭，认为祖先是我们生命的来源，应该对其表示尊敬和感恩。

余敦康先生通过考证颛顼关于“绝地天通”的宗教改革，指出其对中国宗教文化的重要影响是初步确立了天神崇拜和祖先崇拜的信仰体制。这是后世“敬天法祖”的思想滥觞，并逐步演变成为华夏民族共同的宗教信仰。天神崇拜体现了当时人们对于宇宙自然的认识，祖先崇拜体现了对人类处境本身的认识，前者属于天，后者属于人，此二者的关系实质上就是天人关系。颛顼遵循不离不杂的原则来处理二者的关系，在如何看待宇宙自然和人类处境本身的问题上为人们的行为引进了规范，以达到祈福禳灾增加现世幸福的目的。[①]“绝地天通”不仅改变了人与神的沟通方式，更重要的是它奠定了后世宗教信仰的基础。自颛顼之后，天神崇拜和祖先崇拜成为华夏族共同的宗教信仰。这种信仰体制对于中国古代社会的稳定和统一起到了重要作用。通过对天神的崇拜，人们表达对宇宙自然的敬畏和尊重；通过对祖先的崇拜，人们强化了对家族和社会的认同和归属感。

《礼记》曰：“万物本乎天，人本乎祖，此所以配上帝也。郊之祭也，大报本反始也。”[②]“万物本乎天”是指万物的生长、变化和发展都是受自然规律支配，即自然界是万物存在的基础和根源。“人本乎祖”是指人类的起源与祖先密切相关。在古代社会中，人们往往认为自己的祖先是由神灵或超自然的存在转化而来的，因此祭祀祖先可以获得祖先的神灵保佑。“此所以配上帝也”强调了祭祀天地和祖先的重要性。因为只有通过祭祀天地和祖先，才能将人与自然、人与祖先联系起来，实现人与神的沟通交流，从而获得神灵的保

---

① 余敦康：《中国宗教与中国文化》卷二《宗教·哲学·伦理》，中国社会科学出版社2005年版，第16页。

② 郑玄注，王锷点校：《礼记注》卷第八《郊特牲第十一》，见前引，第341页。

佑和赐福。“万物本乎天，人本乎祖”是中国传统文化中的重要思想之一，它强调了人与自然、人与祖先之间的密切关系，以及祭祀天地和祖先的重要性和意义。

《荀子·礼论》曰：

> 礼有三本：天地者，生之本也；先祖者，类之本也；君、师者，治之本也。无天地，恶生？无祖先，恶出？无君、师，恶治？三者偏亡焉，无安人，故上事天，下事地，尊先祖而隆君、师，是礼之三本也。[①]

余英时先生经由文献考证认为古代中国人对天地君亲师的信仰发端于《国语》，形成于《荀子》祭天祀祖，本质讲是出于报本反始之义。祭祖先，在表达思念之情的同时，又表达报恩之义。[②]《大戴礼记·礼三本》和《孔子家语·郊问篇》也有类似的说法，都强调祭祀就是为了使人们不忘根本，孝顺父母、尊敬祖先。

崇祖敬天思想在中国传统文化中占据指导性地位，并且具有维系社会稳定与和谐的功能。从文化的超越性来看，它属于人类创造的精神财富。从小传统来说，

---

① 方勇、李波译注：《荀子·礼论》，见前引，第303页。

② 余英时：《现代儒学论》，上海人民出版社1998年版，第168页。

它给予人们归属的感觉、安全的保障、自由的尊重、安身立命的基本信念等；从大传统的角度来看，崇祖敬天思想具有教育和联络的功能，又具有统一信仰的功能，更具有文化整合的功能。研究古代崇祖敬天思想，从文化的超越性来考察中国古代文化发展的特质与演进，是必要的，尤其对整个文化思想关键词的认识具有理论指导意义。因为一个民族文化能够长存，在世界历史上迸发灿烂的光辉，必然有一种延续其于不腐的智慧，为这一民族所有成员所分享。①

考诸中国历史，先秦以前即已出现“天”之概念，自三代以来，天更是诸多文史哲与宗教学者所探索的核心问题。自然意义的“天”，自然、无为，是一种不受人力与任何外力之干涉，而自作安排，自然如此之义的自然天，其类似老庄思想的道，自从先秦典籍中将天位格化、神格化以后，宗教意味较浓，把“天”视为具有意志、无所不在、能沟通与赏善罚恶，具有智慧与无上权威，能左右人事的位格天。夏商周三代是中国宗教的奠基时期，古代政治、社会往往与宗教现象、仪式、礼制等所呈现的宗教性息息相关。王怡

① 王祥龄：《中国古代崇祖敬天思想研究》，中国文化大学博士学位论文，1990年。

仁《中国先民敬天宗教观与先秦儒家敬天文化之探讨——兼论当代社会天心之失落》探讨了先秦以前的敬天思想，氏族社会与自然崇拜，原始人民与社的祭祀，夏商周三代之天神崇拜，夏商周祖考之祭祀，崇德报功与孝道之发展等内容，并借助《诗经》《书经》《左传》《礼记》等先秦典籍来探讨古代敬天信仰的思想渊源。[①]

总之，“敬天法祖”是中华祭祀礼仪中的核心理念之一，它强调了尊重自然、崇尚祖先、追求和谐等文化内涵，对于现代社会的可持续发展和文化传承都具有重要的启示和借鉴意义。

二、尊师重道

尊师重道，这是华夏文化延绵不断的根本之一。中华民族创造了辉煌灿烂的历史文明，影响着世代发展的礼仪文明在历史长河之中熠熠生辉、经久不衰。我国素有“礼仪之邦”之称，在历史进程中形成了完备的祭祀体系，传承与彰显着中华传统美德。一个国家的兴旺发达与其弘扬尊师的文教传统密不可分。“国

① 王怡仁:《中国先民敬天宗教观与先秦儒家敬天文化之探讨——兼论当代社会天心之失落》，东海大学硕士学位论文，2004年。

将兴，必贵师而重傅。”[①]尊师重道自古以来就是中华民族传统美德，而祭祀先师先圣作为传统祭祀文化的重要组成部分，更是古人传承尊师重道美好愿景的文化载体。

中国古代祭祀先圣先师的礼仪具有深远的教育价值。由于我国古代祭祀先圣先师的祭祀礼仪主要存在于国子监、官方孔庙、地方书院等文化空间，因此，既体现出仪式的普遍价值，也蕴含着敬爱师长的独特意义。“一方面，在以礼治国的古代，尊师礼仪作为制度的化身，承载着宣扬尊师重教之风，塑造民众品德的重任；另一方面，尊师礼仪也作为教育内容的化身，承载着传承礼仪文化，化民成俗的重任。其无论作为礼仪体系重要组成部分还是作为教育教化体系的重要组成部分，都蕴含着丰富的教育价值。”[②]除了官方祭祀，地方书院祭祀文化同样在中国尊师传统的传承和发展中占据重要位置，“在祭祀对象的选择、祭祀仪式的举行等方面具有鲜明的特点，在树立尊师重道观念，促进知行合一道德实践，推进伦常观念的社会教化等

---

① 方勇、李波译注：《荀子·大略》，见前引，第463页。

② 刘晓鑫：《中国古代尊师礼仪教育价值研究》，沈阳师范大学硕士学位论文，2023年。

方面作出了重大贡献，产生了重要影响”。[①]

中华祭祀礼仪中蕴含了丰富的“尊师重道”的文化意涵。孔子是中国古代伟大的思想家和教育家，被誉为“万世师表”。每年农历八月廿七日，是孔子的诞辰日，全国各地都会举行盛大的祭孔仪式。祭孔仪式表达了对孔子的尊敬和敬仰之情，同时也强调了教育和知识的重要性。孔子提倡的“有教无类”“因材施教”等教育思想，对中国古代和现代社会都产生了深远的影响。因此，祭孔仪式不仅是对孔子的尊敬，更是对孔子教育思想的继承和发扬。这些祭祀仪式表达了对师长的尊敬和感激之情，同时也强调了家族、教育和知识的重要性。这种尊师重道的价值观，对中国古代和现代社会都产生了深远的影响。

三、崇德报功

崇德报功是中国古代祀典设置的基本原则，是指凡是有利于人类文明生存和发展的人或物都可以成为祭祀的对象。人们不仅祭祀那些生前有功于民的祖先，也要祭祀那些能对人们生存、发展做出贡献的自然物，

① 郭艳琳、陆俊:《古代书院祭祀文化中的中国尊师传统》,《思想政治课教学》2020年第1期。

如日月星辰、山林五岳等。对于祖先的祭祀，是为了纪念他们的功德和对后代的贡献；对于天地、山川、社稷的祭祀，则是为了感谢它们对人类的恩赐和保佑。在祭祀的过程中，人们也会通过各种仪式来表达对神灵的敬意和感激，如祈祷、叩拜等。这些仪式不仅体现了人们对神灵的虔诚和敬畏，也加强了人们与神灵之间的联系和沟通。例如在中国传统文化中，祭祀祖先是一项非常重要的活动。这种祭祀仪式表达了对祖先的尊敬和感激之情，同时也强调了家族和血脉的重要性。祖先被视为家族的智慧和品德的楷模，他们的教诲和榜样被视为家族文化传承的重要组成部分。因此，祭祖仪式不仅是对祖先的尊敬，更是对祖先智慧和品德的继承与发扬。人们通过祭祖仪式，感激祖先的功德，并希望自己能够继承祖先的品德，为家族和社会做出贡献。

不论是古代礼制经典，还是今人学者著述，都将《礼记·祭法》的最后一段经文视作祭祀先代帝王的经典依据。《礼记·祭法》载：

> 夫圣王之制祭祀也，法施于民则祀之，以死勤事则祀之，以劳定国则祀之，能御大菑则祀之，能捍大患则祀之……此皆有功烈于民者也。及夫

日、月、星辰，民所瞻仰也，山林、川谷、丘陵，民所取财用也。非此族也，不在祀典。[①]

此段大意指向古代祭祀的标准，对于有功德于百姓的上古圣君、贤臣，当政的统治者要施以祭祀，以报答他们对百姓的功德。中国近代著名史学家、思想家梁启超说：

祭父母，因父母生我养我；祭天地，因天地给我们许多便利，父母要祭，天地山川日月也要祭；推之于人，则凡为国家地方捍患难建事业的人也要祭；推之于物，则猫犬牛马的神也要祭；如此，“报”的观念便贯彻了祭的全部分。这种祭法，和希腊、埃及的祭天拜物不同。他们是以为那里面有什么神秘，乃是某神的象征，并不因其有恩惠于人而去祭他。老实讲，中国所有的祭祀，都从这点意思发源。[②]

曹建墩在《中国的祭礼》中简要叙述了各政权祭

① 刘沅著，谭继和、祁和晖笺解：《十三经恒解·礼记恒解·卷二十三·祭法》，巴蜀书社2016年版，第346页。

② 梁启超：《梁启超中国历史研究法补编》，吉林出版集团股份有限公司2017年版，第136页。

祀前代君主与名臣的礼仪程序，并对隋至清代有较详细的介绍，认为该祭礼主要是基于“崇德报本”的文化心理。[①]金泽指出，“民间信仰的信仰对象主要是神灵与圣贤，它是原生性的和不断演变的，是历史悠久且当下活跃的一种宗教文化形态”。[②]

祭祀是中华传统的信仰表达方式，源远流长。先秦典籍《国语》载述黄帝以来历代祭祀礼仪，围绕敬天法祖的文明精神，不但形成祭祀的礼仪传统，而且铸就中华民族的信仰共同体、社会共同体，在传统社会中发挥着极为重要的凝聚作用。不同于西方宗教祭祀的神本主义，中国人的祭祀文化所蕴含的礼仪精神，其核心代表的还是以伦理教化为本色的人文主义。传统祭祀对象为天地君亲师，体现着敬天爱人的朴素思想。古代主要的三种祭祀，包括祭拜天地、缅怀祖先、祭祀圣贤，体现着敬畏天地、感恩先祖、礼敬先贤的传统美德，反映着仁义礼智信的道德观。

总之，崇德报功是中国古代祀典设置的基本原则，它体现了人们对神灵的敬意和感激，同时也是为了祈求神灵的保佑和庇护。在古代社会中，祭祀被认为是

---

① 曹建墩：《中国的祭礼》，见前引，第118—128页。

② 金泽：《当代中国民间信仰的形态建构》，《民俗研究》2018年第4期。

一种非常重要的活动，它不仅是一种宗教信仰的表现，也是一种文化传承和社会凝聚力的体现。

第四节　演变的文化传承载体

一、有形载体

礼仪制度是古代儒家思想的重要组成部分，祭祀则是礼仪制度最重要的表现形式，它通过规范人的行为来规范人的思想，进而起到教化的作用，因而祭祀所用的建筑和仪式空间也就成了儒家礼制所关注的对象。[①]由于祭祀空间覆盖面很广，以下分述天坛、宗庙、文庙、书院及地方宫观等承载传统祭祀文化的场域及其相关研究。

天坛，位于北京天安门的东南，始建于明成祖永乐十八年（公元1420年），原名“天地坛”，是明清两代皇帝祭祀天地之神的祭祀空间。[②]皇家坛庙祭祀中

---

① 柳肃：《儒家祭祀文化与东亚书院建筑的仪式空间》，《湖南大学学报（社会科学版）》2007年第6期。

② 关于天坛的研究，可参见：石橋丑雄『天壇』、山本書店，1957；曹千里：《祭天神坛与祭天文化——天坛漫话》，《中外文化交流》1994年第5期；天坛公园管理处编：《天坛公园志》，中国林业出版社2002年版；天坛公园管理处编著：《德音雅乐：坛神乐署中和韶乐》，学苑出版社2010年版；徐志长：《天坛广记》，中华书局2007年版。

天坛最为典型，位居国家祀典中大祀之首位。南郊祭天向来是传统中国政权最重视的祭祀活动，谢仁晏在《祀典之外：明清北京天坛管理研究》中，主要考察了明清两代祭天场所天坛。明清两代承继国家祭祀礼仪传统，明订相应规章确保祀典顺利进行。其中，圜丘坛、祈年殿因其祭祀意涵与建置特色，历来受研究者重视。明朝建立后，除承袭儒家祭天礼外，也重订祭祀乐舞，以神乐观培育乐舞生，供应祀典所需人力。神乐观创建以来，位置邻近天坛，永乐朝迁都北京后，神乐观建置更纳入天坛之内，可见其与祀典之关联性。[①]天坛以坛庙祭祀功能为重，坛庙空间不仅包括圜丘坛和祈年殿等直接进行仪式之地点，更涵盖了神乐观。神乐观的相关活动不但使首都居民能直接接触天坛，更产生天坛特产之说，成为间接文化联结，是以当相关祭祀活动淡出人们的历史记忆之后，这些物产持续提示后人回忆其与天坛之关联，借此维系祀典之外的天坛印象。[②]

圜丘，是指古时冬至日祭天所用的圆形高坛。《周

---

① 谢仁晏：《祀典之外：明清北京天坛管理研究》，台湾大学硕士学位论文，2012年。

② 谢仁晏：《祀典之外：明清北京天坛管理研究》，见前引。

礼》云："冬至日，祭天于地上之圜丘。"[①]自西周以来，我国就逐渐形成了以祭天为核心的祭祀制度。圜丘之祭属配天之"大禘"，汉代郑玄注"禘"谓"祭昊天于圜丘也"[②]。关于圜丘祭祀的来源，大概是因"土之高者曰丘，取自然之丘圜者，象天圜也，法'天圆地方'之说，圜丘以象征天"。[③]汉武帝时订立圜丘为郊祀之礼，"正月上辛用事甘泉圜丘，使童男女七十人俱歌，昏祠至明，夜常有神光如流星止集于祠坛，天子自竹宫而望拜"。[④]从西汉开始，祭天地合在一起，祭祀礼制历经千年更迭，分祭合祭，却一直没有定论。"唐初贞观礼，冬至祀昊天上帝于圜丘。"[⑤]唐朝时期的祭天礼仪变化较大，与冬至的昊天上帝正祭一样，祈谷、雩祀和明堂大享都在圜丘举行，皆是以昊天上帝为主神。此后，"南郊"与"圜丘"二者在礼制层面上

---

① 陈寿祺撰，王丰先整理：《五经异义疏证・卷上》，中华书局2014年版，第29页。

② 孙星衍撰，骈宇骞点校：《问字堂集》卷五《杂文五・三禘释》，中华书局1996年版，第109页。

③ 何清谷校释：《三辅黄图校释・卷之五・圜丘》，中华书局2005年版，第300页。

④ 何清谷校释：《三辅黄图校释・卷之五・南北郊》，见前引，第321—322页。

⑤ 欧阳修、宋祁撰：《新唐书》卷十三《志第三・礼仪三》，中华书局1975年版，第333—334页。

可以互换。[①]宋代承袭前朝礼制，“五礼之序，以吉礼为首，主邦国神祇祭祀之事。凡祀典皆领于太常……冬至圜丘祭昊天上帝”。[②]金代沿袭原有的祭天礼仪，太宗建郊坛祭祀昊天上帝，“金之郊祀，本于其俗有拜天之礼。其后，太宗即位，乃告祀天地，盖设位而祭也。天德以后，始有南北郊之制，大定、明昌其礼寖备。南郊坛，在丰宜门外，当阙之巳地。圆坛三成，成十二陛，各按辰位。壝墙三匝，四面各三门。斋宫东北，厨库在南。坛、壝皆以赤土圬之”。[③]元代成宗于大都丽正门东南七里建祭坛，用于祭祀天地。元郊坛为三重圆坛，其圜丘祭祀遵照周礼之制，亦有损益，盖因“周礼疏云每成一尺，不见纵广之度。恐坛上狭隘，器物难容，拟四成制内减去一成，以合阳奇之数。每成高八尺一寸，以合干之九九。上成纵广五丈，中成十丈，下成十五丈。四陛，陛十有二级。外设二壝，内壝去坛二十五步，外壝去内壝五十四步，壝各四门。

---

① 参见朱溢：《从郊丘之争到天地分合之争——唐至北宋时期郊祀主神位的变化》，《汉学研究》2009年第2期。

② 脱脱等撰：《宋史》卷九十八《志第五十一·礼一》，见前引，第2425页。

③ 脱脱等撰：《金史》卷二十八《志第九·礼一》，见前引，第693页。

坛设于丙巳之地，以就阳位”。[1]明代圜丘祭祀，上承宋元旧制，对清代圜丘礼仪有一定的影响。

宗庙。宗庙在古代中国有多重意义和功能，它既是祖先崇拜的场所，也是种族、权力、血缘政治的象征，更是古代祭祀礼仪制度的重要组成部分。

> 宗庙作为祖先崇拜活动的重要场所，是种族兴盛与存亡的象征，是资格的象征，是权力的象征，是血缘政治的象征。宗庙制度在周代被通过礼的形式固定下来，从不同等级的宗庙庙数、祭祀仪节、乐舞演奏等都有非常详细和严密的规定。同样的策略也被后代的统治者所沿用，把建立宗庙制度作为礼制建设的首要任务，以此彰显国家权力的归属。宗庙祭祀内容包括灵位、祖先的神像、坟墓等。[2]

> 西汉诸帝庙形制基本相同，且袭自秦代。……秦始皇所建极庙本为明堂，二世元年将其性质改

---

① 宋濂等撰：《元史》卷七十二《志第二十三·祭祀一·郊祀上》，中华书局1976年版，第1782页。

② 程万里：《基于宗庙祭祀场域的图像形态及其功能研究》，《学术论坛》2012年12月。

为始皇庙，其形制又被汉庙继承，遂使秦代西汉宗庙具有一种明堂式风格。[1]

这一考古发现提供了关于古代宗庙建设和祭祀礼仪变迁的重要线索，揭示了不同朝代之间在文化和制度上的传承关系，也展现了古代建筑艺术和宗教信仰的融合发展。同时，这也表明了中国古代祭祀传统的强大影响力，即便是朝代更迭，很多核心的文化和制度元素也得以保留和传承。

文庙。文庙是古代最重要的官方建筑之一，是古代中国儒家社会的标志物，也是人文教化的核心载体。“庙学合一”是文庙的核心属性，大成殿和明伦堂分别是“庙”和“学”的核心建筑，承担祭祀和教学的两大核心功能。文庙最常见的三大格局为左庙右学、左学右庙和前庙后学。杜美芬透过孔子神位的变迁，探讨不同时代的释奠仪序空间的演变，并就祭礼舞、乐、仪序的变化和承祭人文的发展，分析释奠仪序的结构性及其与中国传统礼制空间概念的关系。[2]卢国龙考证，

① 梁云、陈燕芝、刘婷：《论周至汉代宗庙形制的转变》，《故宫博物院院刊》2023年第3期。

② 杜美芬：《祀孔人文暨礼仪空间之研究——以台北孔庙为例》，中原大学硕士学位论文，2003年。

“庙学是历史上孔子庙与各级官学的合成体。作为儒家文化和信仰传播的一种重要方式，在跨越地域文化差异、推动中华文化共相建构方面发挥过极其重要的作用”。[①]袁光誉采用民族志方法研究了台北孔庙中的儒家礼仪实践，内容包括研究者参与在台北市孔庙进行的亲子读经班与成人经典研读班，以及观察各种在孔庙内与其他地点举行的祭孔相关仪式活动。作者运用生活宗教的取向，深入描述与分析孔庙内外行动者理解儒家经典的概念，以及实践其概念的方式。[②]

书院。书院作为礼仪教化的场所，它的祭祀活动、祭祀建筑也必然成为礼仪教化的重要手段而受到关注，进而被制度化、规范化，成为儒家教育方式的重要特征。高明士认为，完备的书院空间设计，必须包含教学空间和祭祀空间。祭祀空间是以祠宇为中心展开的，从空间布局的演变而言，可以界定为学一庙学的过程。[③]廖堂智采用法国社会学家布尔迪厄（Bourdieu）的“场域”与“文化再制”等相关理

---

① 卢国龙：《唐代庙学与文化共相》，《世界宗教研究》2016年第3期。

② 袁光誉：《台北孔庙中的各种儒家实践》，政治大学硕士学位论文，2016年。

③ 高明士：《书院祭祀空间的教育作用》，《国际儒学研究（第三辑）》，中国社会科学出版社1997年版。

论，分析中国台湾自17世纪以来到清人领台期间，文教场域在权力运作下的发展状况，以及书院文化场域在其中的形塑、运作及影响。作者以“权力”概念尝试厘清中国台湾书院与中国书院文化的传承与再制关系，以及中国台湾书院文化场域如何借由儒家道统与书院道德学规来形塑自身的自主性，并通过对书院人物心理层面的探讨，来了解书院人物如何保存与发扬中国儒士的传统美德，最后由书院文化场域的运作与影响，归纳出儒家文化在中国台湾的传承情形。[①]杨秀静借由观察中国台湾书院的祭祀对象与活动，以了解儒学与民间崇拜的互动情况，并且进而探讨分析书院所拥有的宗教功能与文化意义。通过探究书院祭祀的发展脉络、祭祀对象与功能目的，探析祭祀活动在书院发展中所代表的意义。[②]

地方祠庙。坛庙祠祭祀典礼的设置，体现了中国传统文化中敬天法祖、慎终追远、崇德尚贤的价值观，是礼仪文明在中华五千年历史中的血脉相沿，把对天地的崇拜、对自然的敬畏和对先祖、先贤的尊重感恩

---

① 廖堂智：《清代台湾书院文化场域研究》，中兴大学中国文学系所硕士学位论文，2006年。

② 杨秀静：《由台湾书院祭祀观察儒学与民间崇拜之交涉》，云林科技大学硕士学位论文，2011年。

写入了制度化的仪式。祠庙形态的祭祀场所起源甚早，大略从汉末开始蓬勃发展，经过魏晋南北朝及隋唐时期，不仅其数目暴增，也逐渐成长为一般民众心灵寄托之最重要的宗教礼拜场所之一。金相范就唐代祠庙的类型及其特征，把唐代祠庙分为国家祭祀型、准国家祭祀型、民间型三个层次。[①]在此所谓的国家祭祀型祠庙，专指属于唐代国家祭祀体系的抑或在朝廷相应的认可之下，正式受到国家管理的庙宇。国家祭祀中属于中祀的先代帝王、岳镇海渎，以及属于小祀的山林川泽，及至唐代已有祠宇形态的祭祀场所，并渐具官民供奉的特性。尤其到了天宝年间，玄宗在全国各地的岳镇海渎等著名自然神所在地，以及历代帝王、忠臣、义士、孝妇、烈女的相关地点，大力开展设立庙宇的活动，并派遣官吏来正式致祭。安史之乱发生后，政局不安，财政恶化，中央政府无暇再关心这些事情，但在一些地方官的主导下，立庙的地点及对象持续扩大。在唐代有为数不少的祠庙，虽是民间主动建立，并未获得政府的正式认可及相应的保护管理，但基本上模拟或结合国家祭祀型祠庙的理念及原则而

① 金相范:《唐代礼制对于民间信仰观形成的制约与作用——以祠庙信仰为考察的中心》，台湾师范大学博士学位论文，2000年。

发展。作者称它为准国家祭祀型祠庙，而这些祠庙的庙神，至少在表面上都有功德于民的共同点。这些准国家祭祀型祠庙中，原先信奉民间神祇的祠庙，后来寄托于地方官的功德，而以符合儒家祭祀理念的形态再出现于信徒面前的事例不少。反之，祭祀地方官的庙宇逐渐吸收民间信仰的因素，增强自己的神力，并扩大祭祀圈的例子亦有出现。蔡宗宪将祠祀信仰分成官方祠祀与民间祠祀两个关键词，官方祠祀具有明显的教化作用，在统治者的意志与礼学的规范下，祠祀乃有正淫之辨，但“淫祀”一词在实际使用上却有多种意涵。论文对祠祀信仰与佛教的互动有所论述，探讨东汉至五胡时期，祠庙与佛寺间存在着混合、并代的现象。北魏以后，由于佛教转为较强势的宗教，有些山神被配祀于佛寺中，似乎显示出佛教将本土的山神信仰纳入本身的体系中。[①]中国历史上国家权力与祠祀信仰的关系，也一直是祠祀研究的焦点。杨俊峰认为，唐代国家和各地祠祀的常态关系，由原本地方官府祠祀活动的惯习所维系，逐渐转变为国家大幅干涉各地的祠祀信仰。[②]

---

① 蔡宗宪:《北朝的祠祀信仰》，台湾大学硕士学位论文，1999年。

② 杨俊峰:《唐宋之间的国家与祠祀——兼论祠祀的“中心化”》，台湾大学博士学位论文，2009年。

需要说明的是，大多数民间信仰的活动场所没有固定的和专门的神职人员，更没有教阶制度，信教群众是直接与崇拜的神灵打交道，没有神职人员作为中介；信教群众与某一民间信仰形式（如妈祖信仰或关公信仰）的联系，不需经过制度化宗教的那种正式的入教仪式，更多的是一种精神上的联系，来去自由，没有什么人身依附或约束。然而民间信仰在组织结构上的松散只是相较而言，作为宗教形态之一，它如同其他的宗教形态一样，有着不可或缺的因素，如它有自己的崇拜对象（神灵或神力等），也有自己的神圣时间和神圣地点（如崇拜场所和崇拜时节），某些地方还形成某种形式的管理机构（人员多少不同、常设与否不同、运行机制不同），也有各自在历史传承中形成的组织网络。①

中华帝国的宗教信仰思考领域是“神”和“阴”。从很早开始，中国人就向和人平行的神灵世界献祭。两个领域——一个有形的，另一个无形的——大致上是平行的，人的死亡只是从一个

① 参见金泽：《当代中国民间信仰的形态建构》，《民俗研究》2018年第4期。

> 领域转移到另外一个。……有形领域和无形领域之间一个联结点是进行献祭的庙龛或神坛。通过宗教仪式展示，献祭场所转化成一个和世俗世界截然分开的神圣地带。它是一个宗教化的时空场所，在这里，传统的物质生活和观念模式都停止了活动。[①]

学界从有形祭祀空间的角度来研究祭祀礼仪的成果颇多。日本学者妹尾达彦[②]从皇帝礼仪入手，对隋唐长安城的礼仪空间进行了研究。佐川英治[③]考察了中国古代都城中的重要祭祀礼仪场所的位置关系，如宗庙、圜丘、宫殿、禁苑等，研究后汉以降都城“左祖右社”格局的成立过程，揭示中国古代都城“从祖到天”，以及从“内发外向”到“外发内向”等重要转变的发生过程。魏斌[④]对此亦有评述。还有从空间角度进行祭祀礼制的相关研究，可见孙英刚主编的《神圣空间：中

① 卜正民主编，陆威仪著：《哈佛中国史：早期中华帝国》，王兴亮译，中信出版集团2016年版，第181页。

② 〔日〕妹尾达彦：《唐长安城的礼仪空间——以皇帝礼仪的舞台为中心》，黄正建译，《中国的思维世界》，江苏人民出版社2008年版，第466—498页。

③ 佐川英治『中国古代都城の設計と思想——円丘祭祀の歴史的展開』、勉誠出版、2016。

④ 魏斌：《思想的圜丘》，《读书》2017年第12期。

古宗教中的空间因素》[1]一书。从文化景观的角度来考察祭祀礼仪的研究，目前还处于尝试探索的阶段，今后仍有很大的拓展空间。

二、无形载体

中国人的信仰系统主要包含巫教礼俗、儒教礼俗、道教礼俗等。巫教的祭祀、占卜、巫术，儒教中的儒学成分及祭天、祭孔、祭祖等仪式，道教神灵崇拜体系、宫观庙宇、道士生活、斋醮仪式、符箓咒术、神仙方术等宗教文化载体是中国传统宗教的主要历史样态。[2]

儒家或儒教、道教及民间信仰作为中华祭祀礼仪的宗教文化载体，国内学界相关研究不少。以探讨儒家宗教观为切入点，陈咏明将儒家和宗教摆在同样的东方中国特殊的历史条件下加以考察，而认定古代中国宗教的特殊性影响到中国儒家之非宗教的特殊性。[3]王霄冰从本土宗教研究的人类学视角出发，研究传统儒家的信仰、仪式及其象征意涵，她主要借用莫斯和

---

① 陈金华、孙英刚编：《神圣空间：中古宗教中的空间因素》，复旦大学出版社2014年版。

② 参见高寿仙：《中国宗教礼俗——传统中国人的信仰系统及其实态》，天津人民出版社1992年版。

③ 陈咏明：《儒学与中国宗教传统》，宗教文化出版社2003年版。

于贝尔的“献祭的图式”理论，分析了传统儒家三祭礼，以具体的祭仪个案为考察对象，分别是孔庙释奠礼、颜林祭祖礼和梓溪农家谢年祭。最后认为，“与基督教信仰所不同的是，儒家文化中的生与死、神与人、圣与俗之间并无绝对的分隔，而是存在着一种家庭成员般的亲密、信任、互为惠利的伦理关系”。[①]

以道教斋醮科仪作为中华祭祀礼仪的重要载体。斋醮科仪作为道教特有的宗教仪式，在世界宗教祭祀文化中占有独特的地位，不仅体现了道教的精神追求，也融合了中国传统祭祀文化的诸多元素。它以民间巫俗文化为基础，同时吸收了社会上层的礼仪文化，形成了独特的宗教仪式。从隋唐时期开始，道教斋醮科仪逐渐参与国家层面的各种祭祀大典，并与传统文化中的祭祀礼仪和民间风俗习惯相结合，具有深厚的历史文化底蕴。斋醮科仪具有济度亡灵、祈求神灵保佑等功能，是道教思想在仪式实践上的具体体现，展现了宗教仪式的象征性和文化意涵。[②]

以民间信仰为当代中华祭祀礼仪传承载体的研

---

① 王霄冰：《本土宗教研究的人类学视角——以儒家祭祀文化为例》，《宗教人类学（第四辑）》，社会科学文献出版社2013年版。

② 参见邹远志、陈成国：《道教斋醮科仪对周礼祭祀体系的接受及其意义》，《湘潭大学学报（哲学社会科学版）》2018年第6期。

究。李天纲借用文化人类学方法研究江南祭祀制度并指出："从儒教祠祀系统演变出来的民间宗教，才是中国现代宗教的信仰之源。"[①]金泽认为："民间信仰是本土的信仰资源，它构成了宗教信仰的深厚土壤，没有民众对鬼神、对奇迹、对阴间来世、对奖善惩恶的信仰、对敬天法祖的执着，任何宗教（包括创生性宗教）都会缺失其安身立命的基础。民间信仰作为基础，不仅为道教的创生提供了直接的资源，而且为其他宗教（如佛教、基督教、伊斯兰教等）传入中国提供了间接的土壤。"[②]李四龙以人文理性概括中国人的宗教观，并且诠释了儒释道三教与民间宗教信仰。他的理论贡献在于立足中国人的信仰传统与日常生活，以世界史的眼光，将"人文宗教"视为一种世界宗教的基本类型。并且，他从观念史的视角，围绕神灵、仪式和组织，探究民间信仰的范围与中国宗教的整体性。[③]

从儒道互补的视野深入探究中华祭祀礼仪的文化传承载体。三献礼是台湾地区社会保存良好的祭祀仪式，李丰楙指出，儒家礼仪和道教科仪等都使用于祭

① 李天纲：《金泽：江南民间祭祀探源》，见前引，第528页。

② 金泽：《当代中国民间信仰的形态建构》，《民俗研究》2018年第4期。

③ 李四龙：《人文宗教引论：中国信仰传统与日常生活》，社会科学文献出版社2022年版。

祀仪式中，成为敬神祭祖的仪式实践。[①]前者由于渊源于古代祝官之职，既有人文化成的精神内涵，又简单隆重、便于举行，故自古至今成为普遍易行的礼仪；后者则晚一些才出现，后来形成道士的专业职能，同样从官方到民间都在运用，成为另一种演行斋醮的文化传统。在台湾地区的汉人社会，两种传统在公、私仪式中同时存在，有时也会与释教或后来传入的佛教并存，端视各地的地方传统而各有选择；有时只要采取其中一种即可，如神明圣诞、祖先祭祀就可择一而行；有时则因需要而复合两到三种，唯其中仍有轻重不同的差别，如寺庙或祠堂就是以道教三献为主，以儒家礼仪为辅；但是在迎王祭典中，则是礼生在王府内行仪，道士举行科仪的坛场反而未有一定的地点，但是广义来说都属于三献礼。在名义上称为三献，表示以三为多，并非仅有三种供品，需视礼仪的不同需要而调整。[②]

国外研究者多从人类学、社会学视角考察国家祭祀、民间祭典与地方社会的互动，重点探索宗教

① 李丰楙：《礼生与道士：台湾民间社会中礼仪实践的两个面向》，《社会、民族与文化展演国际研讨会论文集》，台北汉学研究中心2001年版。

② 李丰楙：《三献礼》，2023年7月26日，https://religion.moi.gov.tw/Knowledge/Content?ci=2&cid=171。

及民间信仰在地方社会的象征意义、组织结构、运作规律，以及仪式实践的社会功能，如华琛探讨了天后神明标准化与文化个体之间的联系。[①]宗教泛文化比较研究对祭祀仪式和国家及社会的互动研究提供了新的借鉴视角。

① 〔美〕华琛（James L. Watson）:《神明的标准化——华南沿海天后的推广，960—1960年》,《中国社会文化史读本》，北京大学出版社2011年版，第149页。

第三章
中华祭祀礼仪与相关学科的基本关系等

中华祭祀礼仪是中国传统文化的核心组成部分，渗透到古代中国的典章制度、社会伦理和个体心性修养等诸多层面。随着时代的变迁，其内容虽一直在传承与演变中，但中心意涵却始终保持稳定。近代以来，当制度化的儒家解体后，学术界以西方学科制度和观念接引传统礼仪文化，建构中国现代学术体系时，却导致祭祀礼仪研究的现代性分化，传统礼学逐渐分属于历史学、宗教学、人类学、社会学等学科领域。由于中华祭祀礼仪与历朝祭祀制度、祭祀仪式的程式样态、中国传统文化的语境、祭祀乐章及祭祀乐舞的多重表现及审美意涵密切相关，因此，需要深入探讨该关键词与以下学科的基本关系。

第一节 中华祭祀礼仪与历史学

中华祭祀礼仪起源于上古时期的原始宗教祭祀，是人们试图与神灵沟通，寻求庇护的一种原始宗教形式。早在西周时期，周公制礼作乐，对祭祀礼仪进行了规范和系统化，使其从原始宗教祭祀逐渐发展成为一套具有社会意义和人文价值的礼仪制度。西汉时期，祭祀礼仪进一步系统化，形成了国家层面的祭祀制度。这一时期，祭祀的对象、形式、程序等都得到了规范，为后世的祭祀活动奠定了基础。在隋唐至明清的历史变迁中，中华祭祀礼仪不断受到各种政治、文化因素的影响，逐渐演变并得以完善。

作为中国传统文化的重要组成部分，祭祀礼仪反映了中国古代社会的政治、经济、文化等方面的发展和变迁，值得注意的是，“三礼”[①]在中国古代祭祀文化研究中占据着重要地位。“三礼”的重要内容之一是论述传统国家宗法性宗教祭祀的问题，从而成为汉代神学经学的理论根据之一。它对于后来历代封建王朝宗教祭祀仪规的建立，具有重大影响。这三部经典对于祭祀礼仪的描述和规定，为当代学界更深入地理解祭

① 指《周礼》《仪礼》和《礼记》这三部经典著作。

祀礼仪提供了重要的理论框架和历史背景。《周礼》是古代礼仪制度的集大成者，其中详细描述了祭祀礼仪在古代国家层面的重要地位和制度化程度，包括祭祀的对象、时间、地点、仪式等方面的规定。《仪礼》侧重于具体的仪式程序和操作细节，详细阐述了祭祀过程中各个环节的礼仪规范，为祭祀礼仪提供了更加具体的实际操作流程。《礼记》则是对礼仪的理论阐述和思想解读，其中包含了丰富的哲学、伦理、社会等方面的思想。通过《礼记》，可以探究祭祀礼仪背后的精神主旨和文化内涵，理解祭祀礼仪在古代社会中的文化价值和历史意义。可见，“三礼”与祭祀礼仪之间存在密切的关系。它们共同构成了中国古代礼仪文化的核心体系，为更好地理解和研究祭祀礼仪提供了宝贵的历史文献和理论支持。汉代学者郑玄的《三礼注》是对“三礼”的经典注解，其中也包括了对祭祀礼仪的详细解释。唐代学者孔颖达的《礼记正义》也对“三礼”与祭祀礼仪的关系进行了深入的阐述。在近代学术研究中，也有不少专著和论文涉及“三礼”与祭祀礼仪的关系。通过对比“三礼”中的祭祀礼仪描述，探讨了中国古代祭祀礼仪的历史演变和发展趋势。

当代国内学者主要从社会文化史、文化人类学等角度对中华祭祀礼仪进行了研究，涉及的领域比较广泛，陈戍国、彭林、甘怀真、吴丽娱、杨英分别从历代礼学的视角追溯了祭祀礼制的历史起源问题；李泽厚从审美思想史的角度寻绎，认为礼乐传统与巫术的起源密不可分，周公是礼乐的主要制定者，孔子是礼乐的维护者；王小盾团队主要从音乐史的角度考察中华祭祀所用乐仪的历史演变及其在东亚的传播流变。

国外学者注重从宗教、文化、历史等方面对中华祭祀礼仪进行研究，日本学者金子修一重点回顾了祭祀礼制的历史演变，研究主题为中国古代皇帝祭祀制度；人类学学者华琛和历史学学者罗斯基，展示了不同学科背景的学者对古代祭祀礼仪的理论探究和历史阐释。此外，日本学者金子修一的《古代中国与皇帝祭祀》[1]是研究中国古代祭祀礼制的有相当参考价值的历史学论著。

罗斯基是美国匹兹堡大学日裔中国史教授，精于明清史研究。同样研究丧葬仪式，她与华琛的研究路径颇为不同，显示了历史学与人类学的学科视野，因取向和方法的不同而呈现出对同一对象的研究方式、

---

① 〔日〕金子修一:《古代中国与皇帝祭祀》，肖圣中等译，复旦大学出版社2017年版;《古代中国皇帝祭祀研究》，徐璐、张子如译，西北大学出版社2018年版。

理解和阐释路径的差异。华琛，美国哈佛大学中国社会研究学者及人类学荣誉教授、亚洲研究协会前主席、美国艺术与科学学会成员，曾在英国伦敦大学、美国匹兹堡大学等学府任教。他曾在中国南方地区（主要为广东、江西以及香港地区的农村）做过长达40多年的田野考察。其研究领域集中于伦敦的中国移民，祭祖仪式与大众宗教，家庭生活与乡村组织，晚期封建中国文化研究，等等。华琛认为，中国文化一统却多元，丧葬仪式结构的这种标准化是官方阶层用于文化控制的一种策略。它不仅以控制仪式行为作为手段来实现传统文化的传承与延续，同时也以一定的包容性来灵活地适应并立足不同社会阶层或地域民众的需求。就此理解，华琛提出了"行为重于信仰"的观点。而由罗斯基所作的《一位历史学家对中国丧葬仪式的研究方法》反驳了华琛的这个观点。[①]由此可见，研究者对研究对象的理解往往因其学科背景和定位取向的不同而出现不同的侧重点和结果。

祭祀在中国古代被视为国家大事，是国家政治生

---

① Rawski, E. S., "A Historian's Approach to Chinese Death Ritual", in J. L. Watson and E. Rawski (eds.), *Death Ritual in Late Imperia Land Modern China*, Berkeley and Los Angeles: University of California Press, 1988, pp.20–36.

活的重要组成部分。不同朝代、不同地区的祭祀礼仪也具有不同的特点和意义。例如，在周代，祭祀是国家礼仪制度的核心，是维护社会秩序和稳定的重要手段。而在汉代，祭祀礼仪逐渐与儒家思想相结合，成为宣扬封建伦理道德的重要工具。通过对祭祀礼仪的研究，可以深入了解中国古代社会的政治、经济、文化等方面的发展和变迁。中华祭祀礼仪也是中国古代文化遗产的重要组成部分，通过对祭祀礼仪的研究和传承，可以保护和弘扬中华优秀传统文化，增强民族认同感和文化自信。

总之，中华祭祀礼仪与历史学有着密切的关系。未来学界应跨界合作，多方探讨其历史起源，并深入研究不同历史时期的表现形式和演变特点，着重探讨其对当代社会的历史价值。

第二节　中华祭祀礼仪与宗教学

在中国古代，人们信仰多种宗教和神灵，包括祖先、天地、山川、社稷等。祭祀礼仪是人们与神灵交流和沟通的重要途径，也是表达信仰和祈求神灵保佑的重要手段。通过对祭祀礼仪的研究，可以深入了解中国古代宗教信仰和宗教文化的发展和变化。

大陆学者牟钟鉴[①]、邹昌林[②]、詹覲鑫[③]主要从考察祭祀与中国宗教关系的角度对祭祀进行了初步研究；台湾地区学者李亦园、张珣、李纪祥、黄进兴则侧重于从祭祀与信仰的关系对祭祀活动、组织等方面进行历史人类学考察。国内现有研究为学界提供了对中华祭祀礼仪的基本理解。

另外，在探讨中华祭祀礼仪的丰富内涵时，西方宗教学的理论和方法提供了新的视角和深刻的洞见。尽管中华祭祀礼仪与西方宗教仪式在形式和内容上存在差异，但西方学者对仪式的深入分析无疑为理解中华祭祀礼仪的社会功能和文化意义提供了宝贵的借鉴。西方宗教学关于仪式的理论与方法值得借鉴的包括涂

① 牟钟鉴先生认为中国宗法性传统宗教是从夏商周三代开始，后来不断得到强化的以天神崇拜和祖先崇拜为核心而建立起来的传统宗教，它有着一般宗教的基本属性，即宗教的观念、感情及祭祀活动，唯独没有独立的教团，而以宗法等级组织兼任种种宗教职能。皇室的代表天子主祭天神，宗族和家族祭祖由族长、家长主祭。敬天法祖、慎终追远是观念和感情上的基本要求。参见牟钟鉴：《中国宗法性传统宗教试探》，《世界宗教研究》1990年第1期。

② 邹昌林以《周礼》为基础，从宗教学的角度研究中国古代国家宗教的结构、功能与价值，认为“中国宗教从属于礼”，尝试为中国文化的研究提供一个新的框架认知模式，具有很高的参考借鉴价值。参见邹昌林：《中国古礼研究》，文津出版社1992年版。

③ 参见詹鄞鑫：《神灵与祭祀——中国传统宗教综论》，江苏古籍出版社1992年版。

尔干、格尔茨（Geertz）、格兰姆斯（Grimes）等学者的仪式学经典著作，以及贝尔（Bell）、鲍伊（Bowie）对仪式学理论方法的综述分析。

西方的仪式学肇始于19世纪宗教人类学，横跨人类学、社会学、哲学等学科。在对人类宗教现象的广泛讨论中，仪式信仰的概念界定、内涵与功能等问题形成了最初的理论表述。与早期宗教人类学家泰勒（Tylor）、斯宾塞（Spencer）、弗雷泽（Frazer）等学者以“从属”性的眼光看待“仪式”对宗教“信仰”具有的“展现”意义有所不同的是，涂尔干在其《宗教生活的基本形式》中对仪式在宗教体系中的地位、属性等必要性给予肯定，并以仪式具有社会整合功能的意义阐释将人们对仪式的关注推向了更为广泛的社会文化领域。涂尔干认为信仰是人们对神圣世界的属性、组成及内在关系的表述，而仪式则是人们为他们所面对的这一神圣世界而规定的一些表达方式和准则。当信仰和行为融为一体，并且由社会群体共同支持的教会执行之时，便产生了所谓的“宗教”。对涂尔干来说，宗教是社会群体价值观的反射。涂尔干在“神圣/世俗”的两分格局中建构起信仰与仪式在宗教体系中的意义，以及两者之间的关系，即思想与行为的统一。随后进一步通过与巫术的比较指出“教会”这一宗教组织的本质特征。[①]国内学界对中华祭祀礼仪的研究受到了涂尔干理论的启发和影响。首先，涂尔干关于宗教仪式是社会群体价值观反映这一观点，促使中国学者更加关注祭祀礼仪在反映和塑造社会价值观方面的作用，并探讨祭祀礼仪如何体现家族和社会的道德规范，以及社会秩序如何通过仪式活动得以传承和强化。其次，涂尔干的理论启发了中国学界对祭祀礼仪现代化变迁的研究。随着社会的发展和变迁，传统祭祀礼仪面临着适应现代社会的需求。越来越多的学者研究祭祀礼仪如何在保留传统的同时吸收现代元素，形成符合现代社会需求的新形式。

格尔茨是美国最有影响力的文化人类学家之一，在符号人类学领域取得了举足轻重的地位。他巧妙地利用社会学、心理学和宗教学等多学科的论据，提出仪式不仅是激发信徒情绪和动机的触发器，更是信徒实践和巩固信仰的实践场域的观点。仪式作为一种可观察的行为现象，为文化人类学的宗教研究提供了宝贵的窗口和切入点。他提出，宗教是通过人们对宇宙万物运作的认知、解释并使其真实化，而形成的一个

---

① Durkheim, E., “Ritual, Magic, and the Sacred”, in R. L. Grimes (eds.), *Readings in Ritual Studies*, New Jersey: Prentice-Hall, 1996, pp.188−193.

能诱发神圣性情绪和动机的，极具影响力、感召力和延续力的符号体系。仪式将人们的日常生活与精神世界的神圣性融合，形成一个具有真实性的整体。正是在仪式中，神圣的行为和宗教观念被赋予“真实性”，并促使人们产生“宗教是完美”的信念。宗教仪式通过一系列象征性的符号，将现实生活与想象世界融为一体，创造了一个统一的世界。格尔茨总结，人类学对宗教的研究应该分为两个阶段：首先，将宗教（仪式展现）视为文化符号体系，分析其构成要素；其次，将其与社会结构和心理过程相联系，进行解读。然而，人类学研究往往过于关注后者，而忽视了前者的重要性。[①]在中国传统文化中，祭祀礼仪不仅是对祖先和神灵的敬仰，更是一种社会价值观和道德规范的体现。作为一种文化符号体系，中华祭祀礼仪反映和塑造了中国社会的传统价值观，近年来国内学者在格尔茨理论的影响下，也更加注重透过祭祀礼仪挖掘背后蕴含的人文价值。[②]

贝尔于芝加哥大学取得宗教史的博士学位，之后

---

① Geertz, C., “Religion as a Cultural System”, in D. Hicks (eds.), *Ritual and Belief Readings in the Anthropology of Religion*, Boston: McGraw-Hill College, 1999, pp.11–35.

② 张志刚：《深描“中国本土信仰仪轨传统的文化底蕴”》，《民俗研究》2020年第6期。

在加州的圣克莱拉大学宗教学系任教，于1992年出版了其第一部研究仪式理论的专著《仪式理论与仪式实践》。[①]随后，贝尔在1997年出版了第二部著作《仪式：研究视角与维度》。[②]贝尔的两部专著不仅对仪式研究的学术流派进行了前所未有的系统性梳理，还指出了西方学术传统中仪式研究所存在的弊端，以中国文化传统和本土宗教仪式研究为切入点，对现存的西方仪式研究领域进行了拓展。在《仪式理论与仪式实践》一书中，贝尔指出，以涂尔干、列维-施特劳斯等人类学家为代表的学术传统将仪式视为一种将信仰与行为进行结构性整合的框架，而仪式的目的是创造出集体性的信仰或典范，并进一步帮助社会形成想象的共同体。然而，贝尔认为，涂尔干等人的仪式理论缺乏具体的文化语境下的分析，也没有将人性的复杂性纳入考虑范围，仪式不应被简化为信仰与行为的二元结构，而是信仰与行为的融合体，即仪式参与者既是行动者也是思考者。贝尔进一步提出，仪式本质上可以被视作“文化表演”，是一种被“戏剧化”了的行为。通过

① Bell, C., *Ritual Theory, Ritual Practice*, New York: Oxford University Press, 1992.

② Bell, C., *Ritual: Perspectives and Dimensions*, New York: Oxford University Press, 1997.

跨文化分析，贝尔强调，仪式不仅建立了人与神明之间的沟通，还进一步打开了人与人之间沟通的渠道。

贝尔基于对中国宗教及思想的深入研究，指出身体不仅是物质存在，也是仪式参与的主体。在《仪式：研究视角与维度》中，她提出了六分法的学术框架，包括过渡仪式、历法仪式、交换和共享仪式、磨难仪式、宴会/进食与节日仪式、政治仪式，从宏观角度阐释了仪式的本质。贝尔认为宗教仪式并非孤立事件，而与更广泛的文化实践、信仰和价值观相联系，并在塑造这些体系中发挥着重要作用。她运用多种研究方法，包括参与观察、深度访谈和文献分析，以揭示仪式的意义和影响，并强调仪式在构建社会关系、传递文化价值、强化信仰方面的重要性。[①]贝尔的研究不仅系统地梳理了仪式研究的学术流派，还指出了西方学术传统中的局限，从而拓展了仪式研究的领域。值得注意的是，她强调仪式的动态性，文化象征符号的重要性，实践者的主体性和能动性、与社会关系和权力的互动，以及跨文化的比较研究，为宗教学界理解仪式在塑造文化体系和社会结构中的作用提供了重要的理论框架和视角。总体而言，贝尔的研究不仅为中华

① Bell, C., "Constructing Ritual", in R. L. Grimes (eds.), *Readings in Ritual Studies*, New York: Prentice-Hall, 1996, pp.21–32.

祭祀礼仪研究提供了新的理论资源和方法论指导，而且促进了对祭祀礼仪深层次文化意义和社会功能的理解，丰富了国内在这一领域的学术讨论。

鲍伊曾在英国布里斯托大学和其他欧美大学任职，研究专长为宗教人类学、亲属关系与非洲社会。鲍伊在《宗教人类学导论》中涉及仪式理论的章节是第一章“理论和争论”、第六章“仪式理论、过渡仪式及仪式暴力”，该书可谓是对社科学界（尤其是宗教人类学领域）代表性的仪式信仰研究理论进行的综述和分析。该书第一章主要介绍了人类学领域涉及宗教研究历史发展过程中的几个关键问题，如宗教信仰的起源、理论方法、概念界定等。不仅为读者梳理了不同宗教研究理论之间的历时关联及其相互影响，也从共时角度就学者对同一现象的不同思考做了比较。第六章在详述了宗教人类学研究中的“仪式”概念界定后，以“过渡仪式”和“仪式暴力”这两个论题对与之相关的理论进行了梳理和探讨。如从“过渡仪式”的三个蜕变阶段所隐喻的人类对持续和稳定其生存状态的寻求，到仪式的暴力/冲突/对立。[①]鲍伊对“仪式暴力”的探讨，启发国内学者关注祭祀礼仪中可能存在的冲突、

---

① Bowie, F., *The Anthropology of Religion: An Introduction,* New Jersey: Wiley-Blackwell, 2000.

权力斗争或社会对立，以及这些因素如何影响仪式的形式和功能。此外，他所介绍的不同的宗教研究理论方法，如比较研究、历史分析、田野调查等，有助于引导国内学者在研究中华祭祀礼仪时打破学科壁垒，采用多元化的研究方法，以获得更全面的理解。

格兰姆斯是仪式学研究领域的代表人物，加拿大劳里埃大学宗教与文化荣誉退休教授，国际仪式研究中心主任，其代表作为《仪式研究的起始》和《仪式研究的技术》等专著。他在《仪式研究的技术》中写道，仪式研究包括各种形式的仪式——宗教的和非宗教的，集体的和个人的，变革性的和混杂的，文本规定的和即兴的，传统的和发明的，长寿的和短暂的，出现的和衰落的，诱导变化和抵制变化的。[①]“仪式的场域”包括：（1）仪式空间；（2）仪式物件；（3）仪式时间；（4）仪式声音和语言；（5）仪式认同；（6）仪式行为。格兰姆斯对仪式形成的界定中包含的八个关键概念分别是：仪式化、发生着（过程中）、付诸活力的角色、展现、形式化的姿势、具感受力的环境、关键的时间、特定的地点。格兰姆斯《仪式研究的起始》[②]

① Grimes, R. L., *The Craft of Ritual Studies*, New York: Oxford University Press, 2014.

② Grimes, R. L., *Beginnings in Ritual Studies*, Columbia:University of South Carolina Press,1982.

可为中华祭祀礼仪田野考察提供极具借鉴价值的研究清单。国内学者曹本冶深受其影响，近年来专注于中国传统仪式音乐本土研究范式的建构与推广，特别是对地方性佛道仪式音乐研究尤为深入。

以上梳理了西方宗教学相关仪式理论及其对国内中华祭祀礼仪研究的影响和启发。然而，中西学者在文化背景和学术传统上的差异，导致对宗教仪式的理解和阐释存在一定分歧。

首先，在宗教仪式中的神圣性与世俗性认识上，西方学者如涂尔干就认为仪式是宗教信仰的核心体系，强调了神圣与世俗的二元对立。对于中国宗教仪式，宗教学家太史文则认为："（中国）人神之间没有不可逾越的界限，善神和恶魔之间也是一样。所有的一切都同样地由气这种基本因素所构成，在本质上没有什么差别。人类生来就有可能修炼变化成为中国万神殿中的一员。"[①]中国是一个有着悠久历史和文化传统的国家，其宗教信仰和传统也具有自己的特点。在中国传统文化中，"礼"是一种非常重要的文化传统和精神价值，它强调的是人与人之间的相互尊重、和谐共处

① Teiser, S. F., "The Spirits of Chinese Religion", in S. Donald and Lopez, Jr.(eds.), *Religions of China in Practice*, Princeton and New York: Princeton University Press, 1996.

以及对于祖先和神灵的感恩之情。而“神”则被视为一种超自然的力量，是人类对于自然界和社会的一种敬畏和崇拜。因此，中国人对于神的态度是既敬又畏，而不是像西方人那样将神视为不可逾越的界限。

其次，关于宗教仪式中行为和信仰的关系。西方宗教学研究往往将宗教观念和教义视为仪式实践的基础，而仪式则是信仰的外在表现。西方宗教学家对中国宗教礼仪的研究通常预设了两方面的考察：一是宗教观念和教义，二是仪式和实践。其中，仪式实践是次要的，是信仰的外在表现，而信仰才是其根本推动力。在西方，宗教信仰是一种内在的精神体验，它涉及人们对宇宙、生命、道德等问题的深刻思考和探索；而仪式则是表达这些信仰的一种外在形式，它通过各种仪式活动来传达信仰的内涵和意义。例如，基督教中的洗礼、祷告等活动都是为了强化信徒对上帝的信仰和对生命的认识。与西方明显不同的是，中华祭祀礼仪具有强烈的仪式性，是将宗教观念和教义、祭祀仪式和实践融为一体的文化模式，无论是祭祀天地、祖先或圣贤，各种祭祀活动都有明确的礼仪程序，正是通过实践相应的程序和步骤，以表达对神灵和祖先的敬意和尊重。

总之，中国人基于天人合一的思维模式，认为神圣和世俗并不是隔绝的，而是圣凡一体的，通过道德修养、积德行善，后天可以从凡人转化成圣贤，并成为百姓崇奉的神明。在古代中国，人们通过祭祀祖先和神灵来表达对先人的尊敬和感激之情，同时也祈求神灵的保佑和庇护。而祭祀礼仪就是一种规范化、固定化的仪式，使得人们在进行仪式时能够遵循一定的规则和秩序。中华祭祀礼仪代表的根本意涵是报本反始，即感恩祖先、神灵和天地自然的恩德，以及不忘根本、珍视传统、追求和谐的人文精神。因而，在中国人的文化传统中，宗教信仰和仪式实践在宗教体系中是不可分割的两个部分，中华祭祀礼仪是一种基于天道人情，将神圣性与人文性交织于一体的礼乐文化传统。因此，国内学者在研究中华祭祀礼仪时，应超越西方宗教学的二元对立视角，深入挖掘和理解祭祀礼仪在中国传统文化中的内涵和价值，以期达到对中华祭祀礼仪更为全面和深刻的认识。

第三节　中华祭祀礼仪在中国的研究脉络

一、儒家与中华祭祀礼仪的建构

《周礼》《仪礼》《礼记》合称“三礼”，是研究中国古代宗教祭祀礼仪的重要文献。这些经典著作保存着先秦宗法制度的遗典和旧说，最后加工整理成书是在汉初。特别是《礼记》，集中反映了汉初儒家的社会伦理主张和宗教神学思想，它把天神崇拜和祖先崇拜的祭仪整理成较完备的系统，又作了理论上的说明。汉初是中国古代宗教祭祀礼仪的一个重要时期，儒家学者通过编纂、整理“三礼”，实际上在推动宗教祭祀的制度化和理论化方面起到了关键作用，为后世的宗教信仰和实践提供了重要的理论依据和制度规范。①

儒学中的礼学，特别是吉礼部分属于传统宗教的研究范畴。儒家礼仪文化源于古代宗教的祭神仪式。古代宗教与郊庙礼仪的起源，谢谦认为包括史前时代的图腾崇拜与巫术信仰、图腾的个人化与祀祖的起源、郊禖仪式与社祭的起源、上帝的起源、商代的三元神崇拜与宗教礼仪、古史传说中的宗教礼仪等内容。他详细论述了儒家礼仪文化传统与古代宗教仪式，包含了儒家礼仪文化中的宗教传统、郊社之礼、宗庙之礼、明堂制度与封禅大典，并引申到古代宗教礼仪的人文化，涉及儒家人文主义与郊庙礼仪的伦理化，特别是

---

① 吕大吉主编:《宗教学通论》，见前引，第566页。

周公遗范与儒家礼仪文化的发展模式、孔子的宗教态度与人文思想、伦理本位主义与礼仪教化论、郊庙礼仪的伦理化与神道设教等。[①]刘惠琴考察了北朝郊祀、宗庙制度的儒学化，她认为“北朝的郊祀、宗庙制度在北魏孝文帝之后在两个方面发生了明显变化，一是逐渐儒学化，即以儒家和制思想为规范；二是在儒家和制思想的具体应用上，逐渐统一采用汉代郑玄学说。这一变化，同整个北朝儒学的发展相一致，反映了北朝政权，特别是北魏政权汉化的历史进程”。[②]

宗教仪式与宗教信仰关系密切，祭祀仪式是宗教信仰的行为表现，内在的宗教信仰可以通过仪式表现具体化，不再只是抽象的概念。周人克商而立后，祖先崇拜不再纯粹为人类心灵上的信仰，在执政者有意的规划下，逐渐脱离原始宗教精神，蜕变成执政者掌握政权的武器之一。潜移默化中，周代执政者借由祭祖仪式，巩固了自身的统治权，使得原先的祖先崇拜形成一套带有伦理性质的礼制规范。在此原则下，针对不同的政治阶级，各有其所应遵从的不同礼制、仪节。王珮翎以《诗经》为主要研究对象，辅以《周礼》

① 谢谦：《中国古代宗教与礼仪文化》，四川人民出版社1996年版。

② 刘惠琴：《北朝郊祀、宗庙制度的儒学化》，《西北大学学报（哲学社会科学版）》2000年第1期。

《仪礼》《礼记》等古代文献资料，及殷墟卜辞文献及周代青铜器铭文等研究成果，讨论商周祭祖礼制、祭祖仪式等外在制度及其内在文化意涵。[①]

杨美惠对儒家祭祀礼仪的解析颇为独到。她指出，在儒家看来，政治和社会的秩序是通过仪式产生的，而仪式同时也是政治的行为。仪式中的秩序不仅是社会秩序的反映，还是社会再生产秩序的工具，通过仪式的反复操演，可以维护和强化社会秩序，使其更加稳定和持久。仪式中的秩序从根本上来源于宇宙的秩序和自然的节奏。这意味着政府的原则和宇宙的力量之间存在着密不可分的联系。儒家认为，人类社会作为宇宙的一部分，其政治和社会秩序应该与宇宙的秩序保持一致。因此，通过模仿和体现宇宙的秩序，祭祀仪式能够帮助人类社会建立起符合宇宙法则的政治和社会秩序。这种将政治、社会和宇宙秩序融为一体的观点，展示了儒家祭祀礼仪文化的独特性和深刻性。[②]儒家主张以礼仪教化治国理民，集中地反映在祭天地、祭祖先、祭圣贤的三祭之礼当中。韩星指出，在中国历史上儒家具有宗教性和人文理性的双重品格，

---

① 王珮翎：《诗经祖先崇拜研究》，玄奘大学硕士学位论文，2008年。

② 参见金泽：《宗教人类学学说史纲要》，中国社会科学出版社2009年版，第366页。

祭天地、祭祖先、祭圣贤三祭之礼渊源甚早，有着鲜明的人文指向，体现出独特的人文精神。儒家的“三祭”体现了中国文化的基本特征，在历史上发挥了积极的文化功能。[①]

释奠礼是儒家参与国家祭祀礼仪的有力证明。释奠礼是祭祀先圣先师的礼仪名称。“释”为“置”意，“奠”或为“置祭”，所谓“释奠”，即“陈设”“设置”“奠献”之意，意即设置祭品用以祭神。祭孔用的释奠礼属于《周礼》五礼中的吉礼，祭祀的实质意义则为寻求人神沟通。依事由和时间的不同，释奠礼除四时常祭（后改为春秋两季仲月上丁日）外，又有天子或诸侯立学、天子视学以及出征返回后的释奠礼。虽然孔子的尊称历代有所更动，但均以释奠礼仪祭祀。“释奠”可以理解为简洁地向先圣先师表达感恩的仪式，而强调信仰和文化继承性的用意就在其中。卢国龙指出，这套不断重复的、制度化的仪式，长期维护着教学与信仰的统一，推动着中国文化共同体的建构，并且一直延续到清末。唐代是其中的一个重要阶段。[②]儒教礼仪主导的祭祀制度构成了中国古代国家礼仪教

---

① 韩星:《儒家“三祭”之礼的人文精神》,《杭州师范大学学报（社会科学版）》2015年第1期。

② 卢国龙:《唐代庙学与文化共相》,《世界宗教研究》2016年第3期。

化体系的重要内容，李天纲认为，地方民众的祭祀生活在经历现代化、都市化的深刻转型之后，仍鲜活地呈现着中国民间信仰与儒教祠祀体系的基本形式。[①]

儒家思想认为礼仪是社会秩序和人际关系的基础，很强调礼仪的重要性。在中华祭祀礼仪中，儒家思想的影响力尤为突出，其提倡的敬天法祖、慎终追远等观念，深深烙印在了中华民族共同的心理意识中。儒家制定和完善了祭祀礼仪的许多细节，对于祭祀的程序、祭品的准备、参与者的行为等都有详细的规定，这些规定在一定程度上成为中华祭祀礼仪的标准。儒家还通过教育和传播，使祭祀礼仪在民间得以普及和传承。以朱熹的《家礼》为代表，儒家学者不仅积极参与祭祀活动，还将祭祀礼仪的理念和实践传授给民众，使中华祭祀礼仪得以在社会各阶层广泛传播和实践。综上，儒家在中华祭祀礼仪的建构中，起到了理念引领、规则制定和文化传播的重要作用。

二、道教及民间信仰参与中华祭祀礼仪的建设

道教仪式是在继承中国传统祭祀礼仪基础上，顺应民间礼俗需求生成的中华礼仪文明形态之一。《史

① 李天纲:《金泽：江南民间祭祀探源》，见前引。

记·封禅书》记载方士和儒生是推动汉代国家祭祀制度确立的主要力量。《宋史·徽宗本纪》载："戊辰，诏冬祀大礼及朝景灵宫，并以道士百人执威仪前导……癸未，祀昊天上帝于圜丘，大赦天下。"[①]宋代政和三年十月，朝廷下诏讨论坛壝的制度。在冬季的祭祀以及朝献活动中安排了道士来执掌威仪，到了十一月，朝廷在圜丘举行了祭祀昊天上帝的活动。元代道经《道书援神契》言明道教斋醮科仪的名称、框架体系、具体仪式等都本于《周礼》。《明史》中的〈礼志〉和〈乐志〉分别记载了道教参与国家祭祀。

"道教仪式是连接经典礼仪、国家祭祀与民间礼俗的中间环节，所以上可为国醮，代天子致意诸神；下可入于乡闾，为百姓禳灾祈福。"[②]元代以后华夏传统国家祭祀典礼几近废绝，明朝开国皇帝朱元璋登基后，极力招募儒道各种人士考订国家祭祀之礼，道士因精通各种祀典礼仪、音乐、舞蹈，积极参与了国家祭祀礼仪的制定。《明太祖集》记载：

朕设神乐观，备五音，奉上下神祇，其敕居

① 脱脱等撰：《宋史》卷二十一《本纪第二十一·徽宗三》，见前引，第392页。

② 卢国龙、古屿鑫：《同抒中华情 共圆中国梦——记首届海峡两岸南宗道教奉祭三清道祖大典》，《中国宗教》2016年第5期。

> 观者，皆慕仙之士。其仙之教也，或云始广成子，流传至汉，曰道士。凡此者，多孤处云居，栖岩屋树，是则宜其修也。晨昏目心，以去玄览，宵昼仰观俯察，以涤宿世之冤愆，措今生之善行。俄尔有知，则倏然忽然，蹑云衢而神游八极，往无不达，交无不接。如此者，安得不与神通？故有飞神谒帝，直谓人词者，斯可谓修之至也。今见修道士某，虽未若此，其志已处清虚，特命职格神郎五音都提点正一仙官领神乐观事。尔中书吏部如敕施行。谕往，钦哉！[①]

朱元璋设神乐观，并非出于崇道和追求长生的喜好，实为利用道教的祭祀功能以重建国家祭祀体系。神乐观的职责在于“备乐以享上下神祇”，以敬天礼神的国家祭祀礼仪强化君权神授，体现君王安和生民的政治作为。作为国家祭祀的专署，神乐观属太常寺所辖，并负责掌管京城部分宫观祠庙，据此，可以显示出道教积极参与国家祭祀礼仪的建构历程。[②]

---

① 朱元璋撰，胡士萼点校：《明太祖集》卷八，黄山书社1991年版，第157—158页。

② 刘康乐：《明代道官制度与社会生活》，金城出版社2018年版。

日本学者山内弘一将道教与国家礼制的互动影响带入了宋代礼制研究的视野中。《北宋国家与玉皇——以新礼恭谢天地为中心》通过对恭谢天地礼仪和景灵宫祭祀的历史考察，认为这两种礼仪分别是受道教影响而产生的祭天礼仪和祭祖仪式。[①]《北宋时代的神御殿和景灵宫》系统深入地讨论了景灵宫祭祀。[②]周燮藩等认为道教关于天神的基本观念，以及天界若干神灵都源于古老的鬼神崇拜，如“城隍”来自蜡祭，“土地”来自社神。[③]蒲亨强《神圣礼乐——正统道教科仪音乐研究》从道教科仪的历史沿革探讨其与皇家宫廷祭祀礼仪的关系。[④]吴丽娱在《汉唐盛世的郊祀比较：试析唐玄宗朝国家祭祀中的道教化和神仙崇拜问题》[⑤]中关注唐朝郊祀中的道教化因素，进而认为以儒家主导的国家祭祀之外发展出了一套道教主导的“皇帝私礼”祭祀系统，从儒道互参的视角考察国家祭祀中的

---

① 山内弘一「北宋の国家と玉皇——新礼恭謝天地を中心に」、『东方学』第62卷、1981。

② 山内弘一「北宋时代の神御殿と景霊宫」、『东方学』第70卷、1985。

③ 周燮藩等：《中国宗教纵览》，江苏文艺出版社1992年版，第117页。

④ 蒲亨强：《神圣礼乐——正统道教科仪音乐研究》，巴蜀书社2000年版。

⑤ 吴丽娱：《汉唐盛世的郊祀比较：试析唐玄宗朝国家祭祀中的道教化和神仙崇拜问题》，《中国社会科学院院报》2004年9月14日。

儒道宗教因素此消彼长的缘由。吴羽《宋代太一宫及其礼仪——兼论十神太一信仰与晚唐至宋的政治、社会变迁》[①]，以太一信仰为核心研究起点，通过历史考证宋代太一宫中的十神太一与汉唐道教经典中的太一、汉代国家祭祀中的太一、晋南朝梁宋两国郊祀神位中的太一、唐宋时期的九宫贵神的各自特点，借助社会史的材料分析，认为十神太一信仰的勃兴与晚唐五代的社会混乱局面紧密相关，与当时诸侯割据势力和地区的地方主体意识紧密相连。宋初在东京建太一宫祭祀十神太一是要消弭晚唐以降的地方主体意识，是宋初重建国家认同和社会秩序的一项政治措施。宋朝在将十神太一纳入国家祭祀系统时对十神太一进行了道教化，这是为了维持传统国家祭祀神祇系统的稳定。宋朝在将十神太一道教化之后，十神太一才正式进入道教的神祇系统。在太一宫里举行的国家祭祀中，虽然具有道教因素，然而，道教仪式和道士不占主导地位。王志跃在《宋代国家、礼制与道教的互动——以〈宋史·礼志〉为中心的考察》[②]与《宋代国家、礼制与

① 吴羽:《宋代太一宫及其礼仪——兼论十神太一信仰与晚唐至宋的政治、社会变迁》,《中国史研究》2011年第3期。

② 王志跃:《宋代国家、礼制与道教的互动——以〈宋史·礼志〉为中心的考察》,《殷都学刊》2011年第2期。

道教的互动考论》[①]中探讨了道教对国家礼制的影响，认为国家、礼制与道教的互动关系表现在“国家礼制吸纳道教，如直接纳入礼典、将祖宗神祇置入道观、礼仪实施中吸纳道教等”，国家“在政治支持、经济赏赐、大修宫观以及临幸、题画等方面”扶植道教发展，“道教参与国家礼制”，“道教发挥积极作用，主要体现在政治、经济、军事和文化娱乐等方面”。朱溢《事邦国之神祇：唐至北宋吉礼变迁研究》[②]认为宋承唐制，作者通过详细考察唐朝至北宋时期的礼制变迁，认为唐玄宗以后道教元素充斥在吉礼体系中，扩展了吉礼的边界和内涵。孙亦平在《东亚道教》[③]中多处论及道教斋醮科仪对东亚国家祭祀的历史影响。

地方民间信仰参与中华祭祀礼仪的传承。历史性的考察，如雷闻《论中晚唐佛道教与民间祠祀的合流》，论述了佛道二教在中晚唐走向世俗化并与民间祠祀合流的现象。从唐代到北宋时期，在国家祭祀体系中，佛道二教与民间神祠的地位也开始逐步接近。[④]相

① 王志跃：《宋代国家、礼制与道教的互动考论》，《世界宗教文化》2012年第3期。

② 朱溢：《事邦国之神祇：唐至北宋吉礼变迁研究》，上海古籍出版社2014年版。

③ 孙亦平：《东亚道教》，人民出版社2014年版。

④ 雷闻：《论中晚唐佛道教与民间祠祀的合流》，《宗教学研究》2003年第3期。

关田野调查，据吴嘉燕《台湾天公（玉皇）信仰之探究——以台南市天坛为考察中心》[1]，中国台湾地区的天公坛庙为21间，截至2010年天公庙增为145间。天坛中的讲善局、经文社、以和社为庙中三位一体的社团，这些社团的形成时间不一，具有教化社会、释奠仪节、合音奏乐等功能，也让宗教信仰与社会文化的互动更为紧密。台南市天坛建于咸丰四年（1854年），在该地区老百姓的信仰观念中，阴阳两界的神明都隶属于玉皇大帝的统辖之下，民间社会对于玉皇大帝非常畏惧与崇敬，各家庙宇也在庙埕设立天公炉，须在庙宇的主神之前祭拜。台南市民间有“新旧天公庙”的说法，指的是天坛和玉皇宫，其中天坛祭祀天公不设神像，最具特色。吴嘉燕从宗教社会学的角度出发，对天坛各团体之间的分工协作进行了宗教组织形态的探究，如兰堂负责管理天坛，讲善局与经文社负责宣讲圣谕与诵经并出版善书，以和社负责于祭拜天公时演奏圣乐，女诵经团负责法会的举行等。以上研究，可以直接或间接地反映出民间信仰参与传统祭祀礼仪文化建设的情况。

---

① 吴嘉燕：《台湾天公（玉皇）信仰之探究——以台南市天坛为考察中心》，台南大学硕士学位论文，2009年。

简言之，道教作为中国的本土宗教，对于祭祀礼仪有着独特的理解和实践。在道教的教义中，祭祀是一种与神灵交流的方式，是表达对神灵敬畏和感恩之情的重要途径。道教祭祀礼仪，特别是发展到明代，通常包括供奉神像、迎神、上香、献祭品、送神、望燎等环节，以祈求神灵保佑、消灾解难。同时，民间信仰也在中华祭祀礼仪中发挥着重要的作用。民间信仰源于老百姓的日常生活，是对现实世界中各种现象的解释和祈求。在中华祭祀礼仪中，民间信仰通常表现为对祖先、地方神灵、自然神祇等的崇拜和祈求。因此，道教和民间信仰在中华礼乐文明的建设中起着重要的作用，它们共同丰富了中华祭祀礼仪的内涵和形式，使其更加多元并富有活力。

结　语

“礼有五经，莫重于祭。”[①]祭祀礼仪在中国古代宗教研究中具有本源性、重要性，很多学者如王国维、刘师培、郭沫若、何炳棣、谢谦、韩星等都认为礼起源于宗教性的祭祀。祭祀在古代社会中扮演着重要的角色，它不仅是一种仪式，更是一种文化现象和社会制度。通过祭祀活动，人们可以表达对祖先、神灵等的尊敬和感恩之情，同时也能够促进社会和谐。因此，研究中华祭祀礼仪对于理解中国传统文化和社会历史具有重要的意义。

中华祭祀礼仪是中国古代社会教化与伦理道德建设的重要手段。通过规范的仪式和行为，不仅展现了对神灵和祖先的尊崇，也起到了引导人们遵循宗法等级制度和名分的作用。祭祀礼仪的核心在于其仪式性

①. 阮元校刻:《十三经注疏》六《礼记正义·卷第四十九·祭统第二十五》清嘉庆刊本，见前引，第3478页。

和程序性。尽管祭祀礼仪的类型多样，每种礼仪都有特定的形式和程序，但它们都遵循一套共同的规范和标准，旨在实现对神灵的敬仰和沟通。中华祭祀礼仪不仅在文化上具有传承性，也在社会、政治、经济和文化等多个层面发挥着作用。祭祀礼仪的执行强化了社会伦理与道德规范，为社会秩序的稳定与和谐贡献了力量。通过对神祇、祖先的尊敬和崇拜，祭祀礼仪成为连接个人与社会、现实与超越、世俗与神圣的桥梁，体现了中华文化的深厚底蕴和价值追求。

学界对于不同类型祭祀礼仪的考察已经相当深入。黄帝作为中华民族的人文始祖，受到中华民族的共同敬仰。因此，对黄帝祭祀的研究自然成为深研中国古代宗教与政治的重要视角。王旭瑞追溯了黄帝祭祀在不同时期、不同语境下的历史嬗变，以及不同人群赋予“黄帝”符号的不同意义，试图说明黄帝祭祀虽然古老，但却是一个象征符号，处于不断被创造及利用的过程。[①]李乔指出，历史文献与考古发现印证了以新郑为中心的嵩山东部地区是黄帝的重要活动地区，也是其建都之所在，这里保存有众多与黄帝相关的历史

① 王旭瑞：《历史之为记忆：黄帝祭祀的流变》，《社会科学评论》2007年第2期。

遗迹。每年在新郑黄帝故里举行的拜祖大典已经成为联结海内外华人的重要精神纽带，成为建设中华民族共有精神家园的重要载体，在增进民族团结、促进民族认同感和凝聚力方面都发挥着极其重要的作用。①

祭孔仪式则是研究中国古代文化和教育的重要方面。孔德平等详细分析了祭孔礼乐的起源、发展、仪式内容及其在教育和文化传承中的作用。祭孔不仅是对孔子的敬仰，更是对儒家文化的传承和弘扬，体现了古代中国对知识和教育的尊重。《祭孔礼乐研究》收录了祭孔的大量礼仪资料，并分别做了注释解析，资料翔实、图文并茂，为研究祭孔礼仪提供了参考。全书主要内容包括祭孔礼器、祭孔乐器、祭孔乐章、祭孔佾乐、释典全礼等历史文献资料。②作为儒家文化最具代表性的物化象征，孔子庙在传承传统文化方面具有不可替代的作用。孔喆从孔子庙奉祀、祭祀制度入手，详细梳理、介绍了历朝历代孔子庙奉祀、祭祀制度的发展演变，着重挖掘了制度折射出的中国礼仪文化、乐舞文化的发展历程，从政治内涵、文化意蕴等方面揭示了孔子庙祀典制度涵盖的理论价值。③

---

① 李乔：《黄帝认同与黄帝祭祀考察》，《中原文化研究》2019年第4期。

② 孔德平等：《祭孔礼乐研究》，文物出版社2009年版。

③ 孔喆：《孔子庙祀典研究》，青岛出版社2019年版。

泰山国家祭祀是研究中国古代国家宗教和地缘政治的重要角度。刘兴顺全面探讨了泰山国家祭祀的历史背景、祭祀制度、文化内涵及其在古代国家政治和民族认同中的影响。泰山作为中国的五岳之首，其祭祀活动不仅是对山神的崇敬，更是国家统一和民族团结的象征。通过翔实的历史考察，他指出随着西汉郊祀礼的改革，元始五年泰山作为天下山岳的唯一代表首次从祀于国家南北郊祀，标志着泰山超越了地方性成为国家山岳的代表性符号。从此，泰山国家祭祀形成了泰山所在地与京城两大系统。京城国家泰山祭祀包括从祀于郊祀、腊祭百神、专门祭祀等，所在地国家祭祀包括每年定期的常规祭祀与国有大事、遣官告祭等非常规祭祀，这一传统一直延续到清朝结束。[①]

伏羲作为传说中的氏族英雄和文明始祖，自古以来不仅被官方祭祀，而且被民间所崇拜。在新时代提倡文化复兴的时代语境下，伏羲的祭祀、崇拜和信仰再次升温。谭德贵指出，伏羲祭祀活动在国家祀典中占据着举足轻重的地位，被视为一种标准的典范制度。从国家层面的视角审视，伏羲祭祀不仅体现了国家对历史和传统的尊重，更彰显了其在国家祀典中的重要

① 刘兴顺：《泰山国家祭祀史》，山东人民出版社2017年版。

角色。伏羲被正式纳入国家祭祀体系，在深层次上反映了原始祖先崇拜的文化心理，彰显了祭祀对象的历史地位和文化价值。①

妈祖作为民间神祇，在宋、元、明、清各代国家祭祀体系中享有殊荣。郑丽航从朝廷赐额封号、祀典等级、祭祀规格三方面分别论述了妈祖在宋代至清代国家祭祀体系中的发展历程。妈祖于北宋宣和五年已纳入国家祭祀体系，并进入部分地方祀典，在元、明、清三代更类属朝廷祀典群祀类。②妈祖祭典是妈祖文化十分重要的组成部分，"湄洲妈祖祖庙祭典"被列入《第一批国家级非物质文化遗产名录》，周金琰重点对新时期湄洲妈祖祭典范式作了详细的阐述，并对湄洲妈祖祭典的当代意义作了简要分析与归纳，认为妈祖祭典是传承中华传统美德和向世界展示中华优秀文化的一种特殊形式。③

关于不同民族的祭祀仪式及用乐考察。"祭天"是东巴教最大的仪式和纳西族最隆重的节日。杨福泉通

① 谭德贵：《从庙堂到庙会：伏羲的祭祀与信仰》，《世界宗教文化》2020年第3期。

② 郑丽航：《宋至清代国家祭祀体系中的妈祖综考》，《世界宗教研究》2010年第2期。

③ 周金琰：《湄洲妈祖祖庙祭典及其当代意义研究》，《世界宗教研究》2015年第5期。

过考察纳西族祭天仪式的历史演变和功能特点，指出祭天是纳西人族群认同和社会群体认同的标志，是天地崇拜和祖先崇拜整合而成的一个祭仪，它体现了纳西人重母系祖先的古代文化特点。[①]满族祭天之礼由来已久，前期祭天保留较多传统特色，尤其受萨满教影响颇深；后期祭天逐渐向中原汉文化靠拢，逐渐制度化、程序化、繁缛化。《满文老档》翔实而可靠地记载了努尔哈赤和皇太极登基时期多次祭天活动，徐栋梁以《满文老档》中的记录为主要佐证，对满人早期祭天的原因、仪式、过程、所用物品等予以考证，可以对满人早期祭祀文化有更加深入的了解。[②]《钦定满洲祭神祭天典礼》是唯一一部由官方主持编修的萨满教典籍，历来受学界重视。姜小莉的研究表明，清廷无意于规范民间萨满教，也并未强制推行全国，汉文本《钦定满洲祭神祭天典礼》编入四库全书，体现了统治者提升文化正统的心理。[③]

总体而言，学界多考察单一神明的祭祀源流与现

---

① 杨福泉：《纳西族祭天仪式的功能和特点》，《云南社会科学》2009年第4期。

② 徐栋梁、史丽：《〈满文老档〉所见满族早期祭天礼俗考》，《满族研究》2016年第3期。

③ 姜小莉：《〈钦定满洲祭神祭天典礼〉对满族萨满教规范作用的考辨》，《世界宗教文化》2016年第2期。

状，对不同类型、不同民族的祭祀礼仪结构及其意涵尚未形成关联性认知。未来，应对比探究以进一步揭示不同祭祀礼仪之间的异同点，拓展学界对祭祀礼仪的内涵价值、历史演变和文化意义的理解。具体来说，可以从以下几个方面进行对比探究。一是不同地域的祭祀礼仪。中国是一个多民族、多文化的国家，不同地域的祭祀礼仪存在差异，对比研究不同地域的祭祀礼仪，可以探讨地域文化对祭祀礼仪的影响，以及祭祀礼仪如何体现地域特色。二是不同历史时期的祭祀礼仪。中华祭祀礼仪历史悠久，随着历史的演进，祭祀礼仪也在不断发生变化，通过对比不同历史时期的祭祀礼仪，可以观察其演变过程，探索背后的历史、社会和文化因素。三是不同宗教和信仰的祭祀礼仪。中国有多种宗教和信仰，它们的祭祀礼仪存在异同，通过对比不同宗教信仰的祭祀礼仪，可以理解它们之间的共性和特性，以及它们如何与各自的信仰体系相适应。四是世界其他文化的祭祀礼仪。在全球范围内，许多文化都有祭祀礼仪，将中华祭祀礼仪与其他文化的祭祀礼仪进行对比，有助于在更广阔的视野下理解中华祭祀礼仪的特点和价值。对比探究可以增进学界对中华祭祀礼仪的全面理解，并有助于其在新时代的传承和发展。同时，这也将促进跨文化、跨学科的交流与合作，推动学术研究的进步。

参考文献

中文文献

曹建墩:《中国的祭礼》,南京大学出版社2014年版。

常会营:《北京孔庙祭孔礼仪研究》,北京燕山出版社2019年版。

常玉芝:《商代宗教祭祀》,中国社会科学出版社2010年版。

陈金华、孙英刚主编:《神圣空间:中古宗教中的空间因素》,复旦大学出版社2014年版。

陈烈:《中国祭天文化》,宗教文化出版社2000年版。

陈戍国:《中国礼制史》,湖南教育出版社2001—2011年版。

陈咏明:《儒学与中国宗教传统》,宗教文化出版社2003年版。

方光华:《俎豆馨香——中国祭祀礼俗探索》,陕西人民教育出版社2000年版。

高寿仙:《中国宗教礼俗:传统中国人的信仰系统及其实态》,天津人民出版社1992年版。

古屿鑫:《南宗道教仪式的礼俗之变——以首届海峡两岸奉祭三清道祖大典为例》,《世界宗教文化》2017年第1期。

郭艳琳、陆俊:《古代书院祭祀文化中的中国尊师传统》,《思想政治课教学》2020年第1期。

郭于华:《仪式与社会变迁》,社会科学文献出版社2000年版。

韩星：《儒家“三祭”之礼的人文精神》，《杭州师范大学学报（社会科学版）》2015年第1期。

黄帝陵基金会编：《黄帝祭祀与中华传统文化学术研讨会论文集》，陕西人民出版社2007年版。

黄进兴：《优入圣域：权力、信仰与正当性》，陕西师范大学出版社1998年版。

黄进兴：《儒教的圣域》，复旦大学出版社2020年版。

黄文陶：《中国历代及东南亚各国祀孔仪礼考》，嘉义县文献委员会1965年版。

金泽：《宗教人类学学说史纲要》，中国社会科学出版社2010年版。

金泽：《当代中国民间信仰的形态建构》，《民俗研究》2018年第4期。

孔德平、彭庆涛、孟继新：《祭孔礼乐研究》，文物出版社2009年版。

孔喆：《孔子庙祀典研究》，青岛出版社2019年版。

雷闻：《论中晚唐佛道教与民间祠祀的合流》，《宗教学研究》2003年第3期。

雷闻：《郊庙之外：隋唐国家祭祀与宗教》，生活·读书·新知三联书店2009年版。

李桂民：《略论黄帝崇拜原因的形成》，《聊城师范学院学报（哲学社会科学版）》2001年第4期。

李桂民：《论祭孔的传统与孔子祭祀礼仪的变迁》，《东岳论丛》2019年第1期。

李乔：《黄帝认同与黄帝祭祀考察》，《中原文化研究》2019年第4期。

李瑞祥、古屿鑫：《明代圜丘祭礼雅乐考辨》，《世界宗教文化》

2021年第5期。
李四龙:《人文宗教引论：中国信仰传统与日常生活》，社会科学文献出版社2022年版。
李天纲:《金泽：江南民间祭祀探源》，生活·读书·新知三联书店2017年版。
李媛:《明代国家祭祀制度研究》，中国社会科学出版社2011年版。
刘岱主编:《敬天与亲人》，生活·读书·新知三联书店1992年版。
刘惠琴:《北朝郊祀、宗庙制度的儒学化》，《西北大学学报（哲学社会科学版）》2000年第1期。
刘兴顺:《泰山国家祭祀史》，山东人民出版社2017年版。
柳肃:《儒家祭祀文化与东亚书院建筑的仪式空间》，《湖南大学学报（社会科学版）》2007年第6期。
卢国龙:《道教哲学》，华夏出版社2007年版。
卢国龙:《唐代庙学与文化共相》，《世界宗教研究》2013年第3期。
逯凤华:《泰山、岱庙、东岳庙祭祀用乐研究》，上海音乐出版社2019年版。
吕大吉主编:《宗教学通论》，中国社会科学出版社1989年版。
彭林:《中国礼仪要义》，南京大学出版社2014年版。
彭林:《中国礼学在古代朝鲜的播迁》，广西师范大学出版社2020年版。
彭牧:《拜：礼俗与中国民间信仰实践》，《民俗研究》2021年第5期。
蒲亨强:《神圣礼仪——正统道教科仪音乐研究》，巴蜀书社2000年版。
任继愈主编:《儒教问题争论集》，宗教文化出版社2000年版。
孙亦平:《东亚道教研究》，人民出版社2014年版。

谭德贵：《从庙堂到庙会：伏羲的祭祀与信仰》，《世界宗教文化》2020年第3期。

王柏中：《神灵世界：秩序的构建与仪式的象征——两汉国家祭祀制度研究》，民族出版社2005年版。

王霄冰：《本土宗教研究的人类学视角：以儒家祭祀文化为例》，《宗教人类学》2013年9月30日。

王霄冰：《祭孔礼仪的标准化与在地化》，《民俗研究》2015年第2期。

王旭瑞：《历史之为记忆：黄帝祭祀的流变》，《社会科学评论》2007年第2期。

王志跃：《宋代国家、礼制与道教的互动考论》，《世界宗教文化》2012年第3期。

温海明、路则权主编：《安乐哲比较儒学哲学关键词》，华夏出版社2021年版。

吴丽娱主编：《礼与中国古代社会》，中国社会科学出版社2016年版。

谢谦：《汉代儒学复古运动与郊庙礼仪的正统化》，《四川师范大学学报（社会科学版）》1996年第2期。

谢谦：《中国古代宗教与礼仪文化》，四川人民出版社1996年版。

杨志刚：《中国礼仪制度研究》，华东师范大学出版社2001年版。

余敦康等：《中国宗教与中国文化》，中国社会科学出版社2005年版。

詹鄞鑫：《神灵与祭祀：中国传统宗教综论》，江苏古籍出版社1992年版。

张鲲：《中国传统祭祀仪式的道德整合机制》，中华书局2022年版。

张泽洪：《道教斋醮仪式的文化意义》，《中国文化研究》2002年第2期。

章群:《唐代祠祭论稿》,学海出版社1996年版。

赵连赏、翟清福编:《中国古代祭祀礼仪集成》,黄山出版社2012年版。

赵永磊:《争膺天命:北魏华夏天神祭祀考论》,《历史研究》2020年第4期。

郑开:《祭与神圣感》,《世界宗教研究》2019年第2期。

郑丽航:《明代国家祭祀体系中的天妃考述》,《中国海洋大学学报(社会科学版)》2009年第4期。

郑丽航:《宋至清代国家祭祀体系中的妈祖综考》,《世界宗教研究》2010年第2期。

周金琰:《湄洲妈祖祖庙祭典及其当代意义研究》,《世界宗教研究》2015年第5期。

周燮藩、牟钟鉴、潘桂明等:《中国宗教纵览》,江苏文艺出版社1992年版。

朱海滨:《祭祀政策与民间信仰变迁:近世浙江民间信仰研究》,复旦大学出版社2008年版。

朱溢:《从郊丘之争到天地分合之争——唐至北宋时期郊祀主神位的变化》,《汉学研究》2009年第2期。

朱溢:《事邦国之神祇:唐至北宋吉礼变迁研究》,上海古籍出版社2014年版。

邹昌林:《中国古礼研究》,文津出版社1992年版。

邹昌林:《中国礼文化》,社会科学文献出版社2000年版。

邹昌林:《中国古代国家宗教研究》,学习出版社2004年版。

〔加〕卜正民主编,〔美〕陆威仪著:《哈佛中国史:早期中华帝国》,王兴亮译,中信出版集团2016年版。

〔美〕格尔茨，克利福德：《文化的解释》，韩莉译，译林出版社2008年版。

〔美〕华琛：《中国丧葬仪式的结构——基本形态、仪式次序、动作的首要性》，湛蔚浠译，《历史人类学学刊》2003年10月第1卷第2期。

〔美〕劳格文：《道教仪式与政治合法性》，林振源、潘君亮主编，巫能昌译，《优游于历史与田野之道：劳格文教授荣休纪念译集》，香港中和出版有限公司2023年版。

〔日〕金子修一：《古代中国皇帝祭祀研究》，徐璐、张子如译，西北大学出版社2018年版。

〔日〕金子修一：《古代中国与皇帝祭祀》，肖圣中、吴思思、王曹杰译，复旦大学出版社2017年版。

〔日〕妹尾达彦：《唐长安城的礼仪空间——以皇帝礼仪的舞台为中心》，《中国的思维世界》，江苏人民出版社2006年版。

〔美〕武雅士主编：《中国社会中的宗教与仪式》，彭泽安、邵铁峰译，江苏人民出版社2014年版。

外文文献

Bell, Catherine. *Ritual Theory, Ritual Practice*. New York: Oxford University Press, 1992.

Bell, Catherine. *Ritual: Perspectives and Dimensions*. New York: Oxford University Press，1997.

Bowie, F.. *The Anthropology of Religion: An Introduction*. New Jersey: Wiley-Blackwell, 2000.

Durkheim, Émile. *The Elementary Forms of the Religious Life*. New York: The Free Press, 1995.

Eliade, Mircea. *The Sacred and the Profane*. New York: Harcourt Brace Jovanovich, 1987.

Eliade, Mircea. *Cosmos and History: The Myth of the Eternal Return*. New York: Harper & Brothers Publishers, 1954.

Grimes, Ronald L.. *Beginnings in Ritual Studies*. Columbia: University of South Carolina Press,1982.

Rawski, Evelyn S.. "A Historian's Approach to Chinese Death Ritual." In *Death Ritual in Late Imperia Land Modern China,* ed. J. L. Watson and E. Rawski, Berkeley and Los Angeles: University of California Press, 1988.

Smith, Jonathan Z.. "The Bare Facts of Ritual", *History of Religions*, 1980: 20.

Turner, Victor. *The Ritual Process*. London: Routledge, 1969.

Tylor, Edward Burnett. *Primitive Culture*. New York: Harper & Brothers , 1970.

Valeri, Valerio. *Kingship and Sacrifice: Ritual and Society in Ancient Hawaii*. Chicago: University of Chicago Press, 1985.

Van Gennep, Arnold. *The Rites of Passage*. Chicago: University of Chicago Press, 1960.

Wallace, Anthony F. C.. *Religion: An Anthropological View*. New York: Random House, 1966.

Zuesse, Evan M.. "Meditation on Ritual", *Journal of the American Academy of Religion*, 1975, 43(3): 517–530.

Zuesse, Evan M.. *Ritual Cosmos*. Athens: Ohio University Press,

1979.

吾妻重二「宋代の家廟と祖先祭祀」、小南一郎編『中国の礼制と礼学』、朋友書店、2001年。

佐川英治『中国古代都城の設計と思想——円丘祭祀の歴史的展開』、勉誠出版、2016年。

佐中壯「『宗廟の祭祀思想』管見」、『歴史研究』第9号、1965年。

金子修一「魏晋より隋唐に至る郊祀・宗廟の制度について」、『史学雑誌』第88編第10号、1979年。

山内弘一「北宋の国家と玉皇——新礼恭謝天地を中心に」、『東方學』第62巻、1981年。

栗原圭介「『ホウ』の神秘的特性——古代中国における宗廟儀礼の一形態」、『大東文化大學漢學會誌』第22号、1983年。

栗原圭介「天子諸侯の宗廟祭祀と四時との概念」、『大東文化大學漢學會誌』第33号、1994年。

梅村尚樹「先賢祭祀と祖先祭祀——南宋後期における学校と先賢祠」、『歴史学研究』第948号、2016年。

图书在版编目（CIP）数据

中华祭祀礼仪 / 古屿鑫著. — 北京：商务印书馆，2024. —（宗教学关键词 / 金泽主编）. — ISBN 978 - 7 - 100 - 24190 - 8

Ⅰ. B933

中国国家版本馆 CIP 数据核字第2024X9C637号

宗教学关键词（第一辑）

中华祭祀礼仪

古屿鑫　著

商　务　印　书　馆　出　版

（北京王府井大街36号　邮政编码 100710）

商　务　印　书　馆　发　行

山东临沂新华印刷物流集团有限责任公司印刷

ISBN　978 - 7 - 100 - 24190 - 8

2024年8月第1版　　开本 889×1194　1/32

2024年8月第1次印刷　　印张 4⅝

定价：158.00元（全七册）